KB069892

알코올
중독자의

회복과
성장

알코올
중독자의

회복과
성장

문봉규 · 강향숙 · 박상규 공저

A Recovery
and Growth
for Alcoholics

학지사

"진정한 어른은 자기 자신을 알고
삶을 책임질 수 있는 사람이다."

    술을 끊고 살아가는 많은 알코올 중독자들을 만나는 과정에서 그들의 회복 과정을 지켜보며 안타까움을 느끼는 경우가 많았다. 그저 술을 마시지 않는 지금 현재에 만족하고, 단주 자체만을 자랑삼아 살아가는 이들이 너무나 많았다. 삶의 태도나 방식은 변하지 않고 그저 술만 마시지 않는 삶인 것이다. 술을 안 마시는 것이 삶의 최종적인 목표가 될 수는 없다. 이제는 어떻게 살아갈 것인가를 고민할 때이다.

    술을 끊는 단주는 하나의 수단일 뿐이다. 행복하게 잘 살아가기 위한 수단이자 방법이며, 어른이 되기 위한 시작이다. 단주를 통해 시작된 회복의 과정은 진정한 어른이 되어 삶의 행복을 찾아가는 성장과 성숙의 과정이다. 이 책을 통해 진정한 회복에 대해 함께 고민해 보고자 한다.

    이 책은 알코올 중독으로부터 단주하고 있는 사람들, 그리고 가족들을 위해 쓰였다. 또한 회복이 무엇인지 이해하고 싶은 전문가, 알코올 중독을 경험하지는 않았지만 진정한 어른으로 살아가고 싶은 사람들에게도 도움이 될 것이라 생각한다.

    이 책은 세 부분으로 구성되어 있다. Part 1 중독과 회복에서는 중독과 회복에 대한 우리의 의견을 제시한다, 술을 마시지 않는 단주에 초점을 두지 않고 한 인간의 성장 과정으로서의 회복을 주장하고 있다. Part 2 회복의 여정에서는 누구나 회복할 수 있다는 희망과 자신감을 보여 주고, 그 과정을 안내하고 있다. 회복 과정에서의 다양한 어려움과 이를 극복하고 나아갈 수 있는 실천의 방법을 제안한다. 또한 회복을 통한 전화위복의 삶이 주는 즐거움을 공유하고자 한다. Part 3 회복의 동행에서는 혼자가 아닌 함께 가는 회복의 여정에서 가족, 전문가, 회복 동료가 어떠한 태도를 가져야 할지를 제안하고 있다.

이 책의 내용은 이론적인 기반보다는 경험에 보다 충실하게 쓰인 내용이다. 경험을 기반으로 했기에 논리적으로 분석해서 머리로 이해하려 하기보다는 직접적인 실천을 통해 본인이 직접 경험해 보아야 한다. 한 번 읽은 것으로 만족하기보다는 여러 번 읽고, 계속해서 실천해 나가기를 권한다. 항상 옆에 두고 필요할 때 자신이 필요한 부분을 찾아서 읽는 것도 좋을 것이다. 진정한 회복의 즐거움을 함께 나누는 데 조금이라도 도움이 되기를 바라는 마음이다.

마지막으로, 본문에 제시된 사례들은 특정인의 사례가 아닌 창작된 사례임을 밝힌다.

문봉규

Part 3 회복의 동행

중독과 회복

회
복

1. 중독은 성장을 멈춘 삶이다

중독된 삶에는 자기 자신이 없다

출처:
문경회복센터 홈페이지.

알코올 중독이란 개인의 건강, 가정 및 사회생활 등에서 자신의 역할을 수행하지 못하고 가정적·직업적 기능에 장애가 있으며, 자신과 타인에게 피해가 있음에도 불구하고, 음주를 통제하지 못하게 되는, 치료가 가장 필요하지만 가장 치료를 받지 않는 질병이랍니다.

알코올 중독은 단순히 술을 마시는 행위의 문제가 아니라 삶의 문제이다. 12단계[1] 중 1단계에서는 "우리는 알코올에 무력하였으며, 삶을 처리할 수 없었다.[2]"라고 밝힌다. 흔히 알코올 중독을 술을 너무 많이 마시는 것, 술로 인해 발생하는 어려움의

---

1) 12단계는 자조집단인 AA(Alcoholics Anonymous)에서 활용되는 실천 프로그램으로 중독으로부터의 회복을 위한 실천의 방향을 제시하고 있다.

2) 한국 A.A. G.S.O., 『12단계와 12전통(Twelve Steps and Twelve Traditions)』, 한국 A.A. G.S.O., 2017.

문제로 인식하지만 12단계의 1단계는 중독의 문제가 단순히 술의 문제가 아니라 삶의 문제임을 말하고 있다. 그렇다면 삶의 문제라는 것은 과연 무엇일까? 중독으로 인해 삶을 처리할 수 없다는 것은 술로 인한 실직과 빈곤, 학대 등 중독으로 인한 다양한 부정적 결과와 그로 인한 문제를 떠올리게 한다. 하지만 이는 말 그대로 결과일 뿐이다. 우리는 삶의 문제로서의 중독의 근본적인 본질을 이해할 필요가 있다.

중독을 노예가 된 상태로 표현하기도 한다. 무엇인가에 중독된 사람은 그 무엇의 노예이다. 노예는 자신의 삶에서 주인이 되지 못한다. 주는 대로 먹고, 하라는 대로 하면 되는 노예는 자신의 욕구가 뭔지 몰라도 문제될 것이 없다. 주인이 맞다면 맞는 것이고, 틀리다면 틀린 것이니 자신이 애써 생각할 필요도 없다. 주인 허락 없이는 화를 내지도 슬퍼할 수도 없기에 자신의 진짜 감정을 알고 표현할 기회도, 이유도 없다. 주인이 자기 몸의 주인이고, 생각의 주인이고, 감정의 주인이며 행동의 주인이다. 노예는 그저 주인이 시키는 대로 하면 된다. 자신이 원하는 것이 무엇인지, 자신이 좋아하는 것이 무엇인지, 자신의 의견이나 감정은 무엇인지와 같은 자신의 실체는 점점 더 희미해져 간다. 이는 단순히 노예로서 주인에게 복종해야 한다는 의미에 머무르지 않고, 자신의 삶을 살아가야 할 자기 자신이 사라져 감을 의미한다. 즉, 노예는 단순히 자기 삶에서 주인 노릇을 하지 못하는 것이 아니라 더 정확하게 말하면 삶의 주인이 되어야 할 자기 자신이 없어지는 것이다. 그저 상황이나 환경을 투영하는 홀로그램 같은 존재가 되어 간다. 상대의 말 한마디에 반응하고, 상황에 휘둘리며 살아간다.

자기 자신이 없는 노예에게 꼭 필요한 것은 자기 삶을 의탁하여 의존할 수 있는 그 무엇이다. 주인이 노예를 종속시켰다기보다는 노예가 주인을 찾아 자신을 맡기는 것이다. 주인이 될 자격이 있는지, 의탁할 만한 주인인지 상관없다. 삶의 주체인 자기 자신이 없기에 맹목적으로 의지하고 매달릴 무엇인가가 필요하기 때문이다.

자신의 삶이 이렇게 된 것에 대해 탓하고, 핑계 대고, 그리고 책임지라고 떼를 쓸 수 있는 무엇이든 그 대상이 될 수 있다. 그러기에 중독의 대상은 물질이나 행위, 생각이나 감정뿐만 아니라 사람일 수도 있다. 누군가에게는 평생 벗어나지 못한 부모 또는 가족이 중독의 대상이 되기도 한다. 성인이 되어서까지도 자신의 삶의 불행은 모두 부모 탓이라 원망하고 책임지라 떼쓰며 자신의 삶을 방치한다면 이는 부모에게 중독된 것이다. 자신의 삶이 구원될 거라는 환상을 품고 결혼을 선택하고, 배우자가 자신의 행복과 불행을 좌지우지하는 전능한 존재이자 모든 기원과 원망의 대상으로 자리 잡는다면 이 역시 중독이다. 자기 삶은 없이 자식만을 바라보는 엄마는 자녀의 노예이다. 겉으로 보기에는 자식을 마음대로 휘두르는 주인처럼 느껴지지만 이들은 행복과 불행이 모두 자녀에게 의존해 있으며, 자신의 존재 이유조차 자녀가 없으면 찾을 수 없다. 무엇을 해야 하고 어떻게 느껴야 하고, 어떤 삶의 목적을 가져야 하는지를 모두 자녀에게 의존하는 것이다.

주인이 없는 자리는 무엇이든 그 자리를 차지하고 주인 행세를 할 수 있다. 술의 노예였던 중독자가 술을 끊어도, 여전히 자기 자신을 찾지 못하는 노예의 모습이라면 조만간 술을 대신할 새로운 주인을 맞이하게 될 것이다.

자유가 주어진다고 해서 누구나 자기 삶의 주인이 되는 것은 아니다. 노예는 주인이 풀어 줌으로써 자유를 찾기보다는 진정 자유를 감당할 수 있는 상태, 즉 스스로가 자기 삶을 책임질 수 있는 주인이 될 때 자유로울 수 있다. 때문에 온전한 자기 삶의 주인이 되는 진정한 회복을 해 가지 못하는 경우, 하나의 중독은 또 다른 중독으로 대체될 수밖에 없다. 새로운 주인은 도박일 수도, 게임일 수도, 때로는 돈이거나 권력일 수도 있다. 때로는 잠시 주인의 자리를 비워 주웠던 술이 어느 정도의 시간을 지나 다시 주인의 자리를 차지할 수도 있다. 재발이다.

중독된 이는 어린아이의 모습과 같다

자기 삶의 주인으로 살아가지 못하는 이들은 자신의 생각, 감정, 말 그리고 행동에 대해 주도적으로 선택하고 책임지지 못한다. 언제나 주변을 탓하고, 주변이 변화되기를 바란다. 자신은 항상 상황이나 환경의 피해자이며, 세상이 자신을 도와주지 않고, 알아주지 않는다며 불평한다. 무엇 하나 스스로 결정 내리지 못하고 어쩔 수 없었으며, 자신의 뜻과는 상관없이 상황이 이렇게 될 수밖에 없었다는 무책임한 태도를 보인다. 자신은 무력한 피해자일 뿐이고, 자기연민의 대상이 된다. 자기 삶의 책임이 온전히 자신이 아닌 다른 누군가에, 어딘가에 있다.

이러한 모습은 중독에서 주로 보여지는 세 가지 방어기제인 부정, 투사, 합리화와 이어진다. 중독자는 자신의 중독을 인정하지 않고, 자신의 음주에 대한 온갖 핑계를 대어 남 탓, 세상 탓으로 자신은 술을 마실 수밖에 없다고 불평한다. 자신은 마시고 싶지 않으나 자기 뜻대로 되지 않는 세상을 원망하고, 알아주지 않는 가족을 탓하며, 자신의 삶을 이렇게 만든 누군가에게 화를 내면서 어쩔 수 없었다고 변명한다. 그러기에 상황이 바뀌지 않으면 자신이 술을 끊을 수 없다고 생각한다.

이러한 부정과 투사, 합리화는 음주와 관련된 문제에만 한정되지 않는다. 중독자는 삶의 전반적인 모든 면에서 부정, 투사, 합리화를 한다. 삶에서 직면하게 되는 다양한 문제들에 대해 자기 문제를 인정하지 않고, 남 탓을 하며 변명과 핑계를 반복한다. 자기 삶을 스스로 책임지려 하지 않는다.

　주체적으로 선택하고, 살아가고, 결과에 책임지는 과정을 통해 우리는 어떻게 살아가야 할지를 배우고 어른이 되어 간다. 하지만 자기 삶에서 책임지고 무엇인가를 해 본 경험이 없는 이들은 삶을 살아가는 법을 배워 갈 기회를 갖지 못한다. 누군가의 뒤에 숨어 책임지지 않는다면 나이를 먹고 몸은 자라도 여전히 어린아이 상태일 뿐이다.

　자기 삶을 책임지지 않는 것은 어린아이와 다름 아니다. 만일 자신의 삶에 대해 스스로 책임지기를 거부하고 누군가 대신 책임져 주기를 기대한다면 자신을 어린아이 취급해 달라는 말과 다르지 않다. 하지만 자기 삶에 무책임한 많은 이들은 책임지는 것은 싫어하면서도 어른 대접은 받고 싶어 한다. 실제 많은 중독자들은 누군가에게 의지해 대신 책임져 주기를 바라면서 자신을 어른 대접해 주지 않는다며 화를 내곤 한다. 술에 취한 채 자신에게 돈만 대 주면 사업을 해서 성공할 수 있다며 떼를 쓰는 알코올 중독자는 어른다운 모습일 수 없다. 이들은 아마 자신의 사업이 망해도 자신의 문제가 아닌 사업 자금을 충분히 대 주지 않은 가족 탓, 또는 자신을 알아봐 주지 않는 세상 탓을 하면서 자신은 억울한 피해자일 뿐이라고 생각할 것이다. 누군가의 눈에는 그들의 모습이 마치 무소불위의 권력을 휘두르는 폭군처럼 보일 수도 있지만, 사실 이들은 자신의 삶 어느 것도 스스로 책임지지 못하고 가족에게 의탁하고 있는 미숙한 어린아이일 뿐이다.

　결국 중독은 자신이 자기 삶의 주인이 되지 못하고, 어른다운 어른이 되지 못한 채 살아가는 것이다. 술은 그러한 미숙하고 서툴고 자기중심적인 어린아이의 모습을 감추는 거대하고 두꺼운 장막일 뿐이다.

출처: 문경회복센터 홈페이지.

　중독자들은 중독이 심화되어 갈수록 정서상태가 점점 자기중심적인 어린아이의 상태로 퇴행합니다. 이들은 세상 모든 일들이 자신을 중심으로 돌아가야 한다고 생각하고 행동합니다.

2. 회복은 진정한 어른이 되어 가는 것이다

> 술을 끊는 것은 단지 회복의 출발선에 서는 것일 뿐이다

출처: 문경회복센터 홈페이지.

알코올 중독자들은 현실을 받아들이거나 일상적인 불편함을 견디는 능력이 매우 약합니다. 자신들에게는 그런 일들이 일어나지 않기를 원하고, 어려운 현실을 어떠한 수단을 동원해서라도 회피하며, 괴롭고 불쾌한 일들은 계속 뒤로 미루다가 결국 더 어려운 상황에 처하게 됩니다.

많은 사람이 술을 마시지 않는 것(단주)을 회복과 동의어로 착각한다. 알코올 중독자가 더 이상 술을 마시지 않으면 이제 회복되었으며, 더 이상 문제는 없다고 여긴다. 하지만 술을 마시지 않는 것은 단지 회복의 시작일 뿐이다. 회복[1]은 단순히 술을 마시지 않는 것이 아니라 더 복잡하고 전인적인 변화로서의 '성장'이다.

인간은 누구나 성장해야 한다. 인간이 태어나 살아내는 시간은 계속적인 성장의 과정이고 이는 죽는 순간까지 계속된다. 혼자 힘으로는 생존조차 할 수 없는 무기력한 존재로 태어나 목을 가누는 것을 배우고, 걸음마를 배우고, 말을 배우고, 관계를 배우고, 책임을 배운다. 성장한다는 것은 넘어지면서도 걸음마를 익히고, 서툴러도 말을 계속하며, 점차 무거워지는 책임을 감당하려 노력하는 것이다. 이를 위해 배우고, 적응하고, 서툰 자신의 모습에 상처도 받지만 그래도 해냈다는 성취감을 쌓으며 자신을 만들어 간다. 그렇게 어른이 되어 간다. 이 과정이 삶이다. 죽는 날까지 인간은 그렇게 살아간다.

중독자 역시 한 인간으로서 자신의 삶을 살았어야 했지만 지금까지 술에 취한 채 그렇게 하지 못했다. 중독은 단순히 술을 마시는 것만이 아니라 술 뒤에 숨어 자신의 삶을 제대로 살아내지 않는 것이다. 삶에서 감당해야 할 많은 것들을 피하고, 삶으로부

---

1) 단주 또는 회복에 대한 정의는 사람마다 다를 수 있다. 이 책에서의 회복은 단순히 술을 마시지 않는 것에 그치지 않고 중독과 상관없이 한 인간으로서 지속적인 성장과 발전을 해 나가는 것을 의미한다.

터 도망 다니는 사이 시간이 흐르고 나이는 먹었으나 여전히 미숙하고 상처에 주저앉은 채 성장하지 못한 것이다. 음주는 제대로 살아내지 못한 삶의 결과이기도 하지만, 삶을 제대로 살아내지 못하는 자신의 모습에 대한 변명이자 핑계이기도 했다. 그러기에 술을 끊는다는 것, 단주는 이제 삶을 제대로 살아갈 준비가 되었다는 의미일 뿐이다.

하지만 술을 끊는 것은 '그래 이제 시작이야'라고 두 주먹 불끈 쥐고 그저 설레기에는 상황이 너무나 처참한 경우가 대부분이다. 단주를 시작하고 자신의 모든 문제를 뒤덮고 있던 술이라는 장막이 걷히면, 그간 엉망진창으로 내팽개쳐 두었던 자기 삶이 적나라한 모습을 드러낸다. 단주 후 이들이 서 있는 출발선은 처음부터의 새로운 시작이 아니라 오히려 엉뚱한 방향으로 많이 벗어난 저 멀리 어딘가이다. 술을 끊고 난 후 직면하는 현실은 다시 술로 도망가고 싶은 강렬한 충동을 일으킨다. 어쩌면 적나라하게 드러난 엉망진창의 삶을 똑바로 바라보기 싫어서, 또는 어떻게 이를 수습할지 몰라서, 도저히 감당할 수 없다는 생각에 술이라는 장막을 다시 덮고 싶을 수도 있다. 혹은 자신이 미처 출발하지 못한 동안, 또는 엉뚱하게 헤매는 시간 동안 이미 성실하게 자기 삶의 과정을 살아간 사람들이 저만큼 앞서 있는 것을 보면서 자신의 뒤처짐에 절망하거나, 빨리 따라잡아야 한다는 조급함을 느낄 수도 있다.

술을 끊고 난 직후의 혼란은 과연 단주가 옳은 선택이었나를 의심하게 할 만큼 치열할 수 있다. 회복은 이렇게 엉망진창으로 내팽개쳐 두었던 삶을 하나하나 수습해 가는 과정이다. 엄마의 배 속에서 나오기 위해 산고의 시간을 견뎌 차갑고 낯선 바깥세상에서 첫 울음을 터트리는 과정을 통해 삶이 시작되듯, 단주와 그 이후 마주치는 현실을 견뎌내야 하는 것이 회복의 시작이다. 술을 끊는 것은 그저 시작일 뿐 끝이 아니다.

술을 끊는 것이 단지 시작이라 해서 술을 끊는 것의 의미가 가벼워지는 것은 아니다. 단주는 이제 성장을 할 수 있는 기반이 마련되는 것이다. 세상에 태어나면서 인간이 성장해 가듯, 술을 끊는다는 것은 새로운 탄생을 통해 성장을 시작할 출발선에 섰다는 것을 의미한다. 하지만 술을 끊었음에도 더 이상 앞으로 나아가지 않고 출발선에 계속 머물러 있다면 성장은 없고 이는 회복이라 할 수 없다.

이제 회복을 시작한다. 회복은 엉망으로 어질러 온 자신의 삶을 스스로 정리하는 것부터 시작해야 한다. 술에 취해 있던 자신의 과거를 직면하고, 인정하며, 수용하고 책임지면서 성장해 나가야 한다. 자신이 어지른 삶을 외면하거나, 누군가 그것을 대신 치워 주기를 바라거나, 어지러운 이곳 말고 누군가 가꾸어 놓은 저곳에 가서 다른 사람인 척 무임승차할 수 없다. 그저 자신 앞에 놓여진 자신의 길을 자신의 두 발로 뚜벅뚜벅 걸어가야 한다.

15년째 단주 중인 60대 중반의 A씨는 3대 독자의 귀한 아들로, 어려운 형편에도 전답을 팔아 건네준 부모님과 누나들의 뒷바라지로 지방 대학을 어렵게 졸업했다. 학교 다닐 때부터 공부보다는 집에서 보내 준 용돈으로 놀기 바빴던 그는 졸업 후에도 자기 성에 차지 않는다며 취업도 하지 않고 빈둥거리며 술만 마시고 다녔다. 가장이 되면 정신 차릴까 생각한 부모의 성화로 결혼은 했지만 자녀 둘을 낳고 키울 때까지도 생계는 아내의 몫이었고, A씨는 아내와 누나들에게 떼를 써 얻어낸 돈으로 동네 모든 술꾼의 술값을 내 주며 함께 어울려 술을 마시고 다녔다. 그러다 자녀들이 성장한 후 이혼을 요구하는 아내의 단호한 결심에 단주를 약속하며 이후 15년 동안 술을 마시지 않고 있다.

A씨의 하루 일과는 말끔하게 차려 입고 여기 저기 AA모임을 다니는 것으로 채워져 있다. 15년 단주 기간은 AA모임 어딜 가나 대접받기 충분했고, A씨 역시 스스로의 단주에 대한 자부심으로 AA모임의 온갖 일에 간섭하고 다녔다.

경제적인 어려움 속에 A씨의 아내는 생계를 위해 일을 하면서 동시에 맞벌이 아들의 손주들을 돌보느라 관절염으로 고생하는 와중에도 늘 바빴다. 하지만 오늘도 A씨는 AA모임에 입고 갈 와이셔츠를 다려 놓지 않았다는 이유로 아내에게 한바탕 소리를 지르고 나온 참이었다. 아내의 몸 상태나 자녀의 어려움에는 아무런 관심도 없이 오늘 저녁에 있을 AA모임 공개모임에서 자신이 봉사자로서 멋진 모습을 보여 주는 것이 중요할 뿐이었고, 아내로서 당연히 이를 가장 먼저 챙겨야 할 일이라 굳게 믿고 있었다.

　단주 초반 A씨는 자신이 술을 끊었으니 자녀들이 자신에 대한 미움을 버리고 당연히 자신을 반겨 줄 거라 생각했다. 그러면서 그동안 하지 못했던 아버지 역할을 하려 하였으나 자녀들은 이러한 A씨의 모습이 오히려 간섭과 잔소리로 느껴져 피할 뿐이었다. 자녀와의 관계를 좋게 하는 방법이나, 아버지 노릇을 어떻게 하는 건지 알지 못했던 A씨는 아버지 대접을 해 주지 않는다며 자녀들에게 오히려 더 자주 화를 내다 이젠 아예 자녀들과 서로 얼굴도 보지 않고 살고 있었다.

　아내의 성화에 못 이겨 경비나 공공근로 등의 일을 해 보기도 했지만, 대학까지 나온 자신이 그런 일을 할 사람은 아니라는 생각에 퉁퉁거리며 며칠 일을 가다 툭 하면 싸우고 그만두곤 했다. 그때마다 핑계는 직장 탓, 상사 탓, 동료 탓이었고, 얼마 되지 않는 월급 받자고 이런 일을 하는 것보다는 자신이 단주를 하며 AA모임에 가서 선배로서 후배들을 돕는 것이 훨씬 더 중요한 일이라고 목소리를 높였다.

　아내가 자신을 떠날지도 모른다는 불안이 저 밑에서 꿈틀거리지만 이에 대해 직면하거나 문제를 해결하려고 하지 않았다. 때로 아내와의 갈등에 용돈이 궁할 때면 누나들을 찾아가 손을 벌렸다. 경제적으로 여유롭지 않은 누나들이 반기지 않는 모습을 보일 때면 "내가 술 안 먹고 이렇게 있는 게 쉬운 줄 알아? 차라리 술 마실까?"라는 레퍼토리로 누나들을 협박하곤 했다.

함께 회복을 시작한 동료들 중에는 이러한 A씨의 모습에 걱정과 염려를 하는 사람도 있지만 정작 A씨 자신은 여전히 자신의 문제를 모른 채, 자신의 단주 15년을 자랑하며 다닌다.

스스로 선택하고 책임지는 것이다

회복은 자기 삶의 주인이 되는 것이다. 주인이 된다는 것은 자기 삶의 모든 것을 스스로 선택하고 결정할 수 있다는 것이며, 그 결과 역시 자신의 책임이라는 것을 받아들이는 것이다. 술에 빠져 살던 시절, 중독자는 선택하기보다는 휘둘렸고, 책임지기보다는 도망쳤다. 그렇게 어른의 몸 안에 숨어 있는 어린아이의 모습으로 늘 두려웠다. 이제 회복을 통해, 스스로 선택하고 결정하며, 그에 대해 책임지는 어른이 되어 가야 한다.

부모의 보호 아래 성장하던 어린 시절, 마음대로 놀고 싶고, 뭐든 마음대로 하고 싶었던 여러 상황에서 부모의 존재는 때론 빨리 벗어나고 싶은 방해꾼처럼 여겨지기도 했다. 한 살 두 살 나이를 먹어 가며 점차 스스로 선택할 수 있는 영역이 넓어지고 그에 대한 책임을 배워 가며 어른이 되었다. 성인이 되었음을 축하하는 다양한 의식들은 이제는 어른이며, 더 이상 부모가 아닌 스스로의 선택으로 온전히 자신의 삶을 살아갈 수 있고, 그에 대한 책임도 온전히 짊어지게 될 것임을 모두 모여 확인하는 자리이다. 드디어 부모의 그늘을 벗어나 한 사람의 어른으로, 온전한 자기 삶의 주인으로 인정받는 것이다.

자신의 삶에 온전한 주인의식을 갖고 주인으로서의 권위를 행사하며 살아가기 위해서는 주인 노릇을 할 수 있는 자기 자신이 있어야 한다.

심리학자들은 어른이 되기 전 중요한 관문인 청소년기의 심리적 과업으로 자아정체감의 확립을 들고 있다. 자아정체감의 확립이란 말 그대로 자기 자신이 누구인가를 분명히 하는 것이다. 다른 누군가의 '넌 이래' 또는 '넌 이래야 해'라는 말에 따르는 것이 아니라, 자기가 이해하는 대로의 자신의 모습을 스스로 정립하는 것이 어른이라는 세계에 들어설 수 있는 과제인 것이다. 부모를 포함한 기성세대에 대한 반항과 다양한 고민들, 질풍노도의 혼란은 진정한 자기 자신을 찾아가는 치열한 노력이다. 이러한 과정을 통해 자신이 누구인지에 대한 답을 찾아가고, 그때서야 진정한 어른으로 스스로 서게 된다.

진정한 자신의 존재를 발견하면 삶의 모든 순간 마주하게 되는 선택의 순간들을 자신의 생각과 욕구와 감정에 따라 결정하게 된다. 그리고 그 결과가 어떠하든 자신의 선택이었기에 받아들일 수 있다. 이러한 과정이 때로는 실망스럽거나 버겁기도 하고, 때로는 혼란스럽고, 막막하기도 하겠지만, 그 선택과 결과를 통해 배우고 성장한다. 그리고 자신을 위한 더 나은 선택의 능력과, 그 결과를 감당해 나갈 수 있는 힘을 키워 나간다. 그렇게 나아가다 보면 어느 순간 성숙한 어른이 되어 있는 자신의 모습을 보게 될 것이다.

어린 시절에는 어른이 되고 싶다. 숙제도 하기 싫고, 어른들 잔소리도 듣기 싫을 때, 빨리 어른이 되어서 내 맘대로 하고 싶다는 생각을 하곤 한다. 하지만 정작 나이를 먹고 나면 오히려 빨리 벗어나고 싶었던 어린아이 시절이 그리울 때가 있다.

어른 대접을 받으려면 어른다운 모습을 보여야 한다. 하지만 어른다운 모습을 보이는 것이 만만하지 않다. 어른으로서 감당해야 하는 무게가 결코 가볍지 않다. 이 무게를 감당하지 못하거나 감당하지 않을 때, 그저 나이만 먹은 어린아이로서 누군가가 시키는 대로, 누군가의 잔소리를 들으며 살아가게 된다. 노예의 삶이다. 자신의 삶을 자기 맘대로 한다는 것은 책임진다는 말과 동의어이다. 책임질 수 있을 때, 진정 자유로울 수 있다. 더 이상 술 뒤에 숨지 않고 진짜 어른이 되고 싶은지 스스로에게 물어봐야 한다. 어른의 무게를 감당하기보다는 그저 어린아이처럼 떼를 쓰며 살고 싶은 건 아닌지 질문에 진지하게 답해 봐야 한다. 회복은 어른의 무게를 감당해 가는 것이다.

30대 초반의 미혼 여성인 B씨는 고위공무원이면서 엄격한 아버지와 주변의 시선을 많이 의식하는 어머니의 무남독녀로 성장했다. 어렸을 때부터 얌전하고 착하다는 말을 들었고, 큰 소리를 내거나 화를 내는 경우도 없었으며, 공부도 잘했다. 아침마다 어머니가 인형처럼 예쁘게 입혀 주는 대로 학교에 갔고, 학교에서도 거의 말이 없이 조용히 지냈다. 어머니가 정해 놓은 스케줄에 따라, 어머니가 정해 준 친구들과만 어울렸고, 하라는 행동만 하며 살았다.

이후 부모님이 바랐던 대학을 졸업하였고, 원하는 직장에 취업하여 남들이 모두 부러워하는 삶을 살아가고 있었다. B씨는 부모님의 자랑이었고, 친구들 사이에서는 엄친딸로 불리고 있었다. 하지만 B씨는 왠지 사는 것이 재미가 없었다. 늘 부모님이 시키는 대로만 살았기에 뭔가 혼자 힘으로 해 본 적도 없었고, 혼자서는 할 수 있는 것도 없었다. 가끔은 자기 맘대로 하고 싶은 충동도 있었지만 자신이 없었고, 남들 눈에 그럴듯해 보이는 모습 뒤에 감춰진 모든 것에 서툴고 겁에 질린 자신의 모습이 드러날까 언제나 불안했다. 가끔 우울한 기분에 빠져들 때면 스스로를 비난하였다. 뭐가 부족해서 그러냐고.

대학 때는 절대 동아리나 친구들과의 모임을 못 하게 했고, 통금을 정해 일찍 들어가야 하는 관계로 술을 마시는 것도 금지되었었다. 하지만 회사에 입사하면서 회식이라는 이유로 술을 마시게 된 B씨는 술 한 잔을 통해 새로운 세계를 경험하게 되었다. 뭔지 모를 답답함과 억눌림이 술 한 잔과 함께 사라지면서 해방감을 느꼈고, 술에 취해 자유롭게 이야기를 나누는 자신의 모습이 새롭기만 했다. 그렇게 시작된 음주가 B씨 삶의 돌파구가 될 때쯤, 해외 지사로의 파견은 B씨에게 부모님의 간섭 없이 술이 주는 자유를 마음껏 만끽하는 시간이 되어 주었다. B씨가 느끼는 자유는 그동안의 강력한 억눌림에 눌려 있던 스프링의 반동처럼 더 이상 통제불능의 상태에까지 이르렀다.

그렇게 해외 지사 생활을 마치고 한국에 돌아올 때쯤, 이미 B씨의 음주는 더 이상 숨기기가 어려운 상황이었고, 이러한 B씨의 모습은 부모님을 당황시키기에 충분했다. B씨의 어머니는 B씨가 외국의 잘못된 문화에 빠져 그렇게 된 것이라 단정하고, B씨의 손을 끌어 상담을 받게 하였다.

상담이 진행되면서 B씨는 자신이 왜 술을 마셨는지, 왜 그렇게 답답함을 느끼고 살아왔는지 등을 알게 되었다. 그러면서 어머니에게 그동안 표현하지 못했던 많은 말들을 쏟아내기 시작했다. B씨의 입장에서는 그저 자신의 이야기를 들어주고 자신이 원하는 것에 관심을 가져 주기를 바라는 마음이었지만, 어머니의 귀에는 원망과 반항의 말로 들릴 뿐이었다. 어머니는 천사 같던 자신의 딸이 술을 많이 마셔 일시적으로 이상해진 것이고 모든 것이 술 때문이라고 생각했다. 그리고 술만 끊으면 다시 예전의 착한 딸의 모습으로 돌아올 것이라 생각하고 있었다.

B씨의 어머니는 B씨가 빨리 정신을 차리고 예전의 착한 딸로 다시 돌아오기를 바랐지만, B씨는 이미 예전의 자신의 모습으로 돌아갈 생각은 없었다. 더 이상은 숨이 막혀 그렇게 살 수 없을 것 같았다. 이런 B씨의 모습에 어머니는 상담사가 능력이 없어 오히려 B씨가 나빠지고 있다는 생각에 상담사를 바꾸고자 하였다. 그리고 방송에도 나왔다는 유명한 상담사에게 B씨를 데려가려 하였으나 B씨가 거부하자 당황하기 시작했다. B씨의 어머니는 한 번도 자신의 말을 거역하지 않았던 B씨가 술로 인해 완전히 망가져 버렸다고 절망했다. 하지만 B씨의 어머니는 알지 못했다. 이때 이미 B씨는 더 이상 술을 마시지 않은 기간이 꽤 길어지고 있었다는 사실을. B씨는 더 이상 부모님의 착하고 귀여운 인형이 아니라, 혼자의 힘으로 당당하게 살아가는 어른이 되려 하고 있었다. 혼자서 결정하고 책임져야 하는 상황들이 여전히 두렵고 서툴지만, 그녀는 인형처럼 살기보다는 진정 자신을 위한, 자신에 의한, 자신만의 삶을 살아가기로 했다.

자기 역할을 하는 것이다

대부분의 사람은 살아가면서 여러 개의 사회적 역할을 갖게 된다. 직장에서의 역할, 부모님 앞에서의 역할, 배우자 앞에서의 역할, 자녀 앞에서의 역할, 친구 앞에서의 역할 등 다양하다. 어른이 된다는 것은 자신에게 주어진 여러 역할을 잘 감당해 가는 것이다. 주어진 자리에 맞는 얼굴로 그 자리를 채우는 것이다.

반면 중독자의 얼굴은 어디에서나 비슷한 모습을 하고 있다. 술에 취해 초점 잃은 눈과 붉어진 얼굴이다. 이 얼굴을 한 중독자는 직장에서 한 사람의 동료로 인정받기보다는 비난의 대상이 되고, 부모님 앞에서 한 사람의 자녀로 든든함을 주기보다는 염려의 대상이 되며, 배우자와 자녀 앞에서도 배우자나 부모로서의 얼굴이기보다는 두려움이나 무시의 대상이 된다. 동료이고, 자녀이고, 배우자이고 부모라기보다는 그저 중독자인 것이다. 그렇게 중독자는 가정에서, 그리고 사회에서 주변으로 밀려난다.

회복의 과정에서 중독자는 한 사람의 가족 구성원, 사회의 구성원으로서 자신의 자리와 얼굴을 찾아가야 한다. 회복을 하면서도 자신의 역할을 제대로 하지 못한다면 사회의 한 구성원으로서, 가족의 한 구성원으로서 소속감과 존재감을 느낄 수 없을 것이다. 그리고 여전한 소외감과 무력감을 느끼면서 다시 술에 의지할 수도 있다.

인간이 태어나서 술을 끊는 것이 인생의 목표가 될 수는 없다.

술을 끊는 것도 한 인간으로 멋지게 살아보기 위한 것이다. 그저 술을 마시지 않는, 존재감 없는 보릿자루처럼 살아갈 수는 없다. 그러기에 술을 끊는 것에 그치지 않고 한 인간으로서 스스로의 존재감에 뿌듯할 수 있는, 누군가의 동료, 누군가의 자녀, 누군가의 배우자, 또는 부모가 되기 위해 노력해야 한다.

하지만 이러한 자리와 역할은 술을 끊는다고 해서 저절로 주어지는 것이 아니다. 오히려 주변 많은 이들은 중독자의 술 취한 얼굴만을 기억하며, 자신의 자리를 찾으려는 중독자를 불안한 눈으로 바라보는 경우가 많다. 또는 술 끊고서 조용히, 문제를 일으키지 않으면서, 아무것도 하지 말고 가만히 있어 주기를 바랄 수도 있다. 어쩌면 자신의 자리를 찾고자 하는 중독자를 거부할지도 모른다. 그러기에 자신의 잃어버린 얼굴과 자리를 찾아가기 위해 중독자는 치열하게 노력해야 한다.

먼저 자신이 감당해야 하는 역할이 무엇인지 이해해야 하고, 이해한 다음에는 감당하기 위해 노력해야 한다. 물론 술을 끊는다고 금방 자신의 모든 역할을 능숙하게 감당할 수 있는 것은 아니다. 그동안 내던져 두었던 여러 역할을 감당해 내기에 단주 초기의 중독자는 여러 면에서 미숙하고 힘이 없다. 존재감은커녕 수치감과 좌절감으로 힘이 빠질 수도 있다. 그렇다고 빨리 자기 역할을 해내겠다는 조급함에 무리하거나 서두르는 것은 오히려 더 위험하다. 그저 한 걸음 한 걸음 앞으로 나아가야 한다. 그러기에 회복은 과정이다. 모르면 배우고, 미숙하면 연습하고, 약하면 힘을 길러 가야 한다. 자신을 불안하게 바라보는 주변 사람들을 의식하기보다는 그저 자신의 일을 묵묵히 찾아 해 나가는 것이 필요하다. 자신이 할 수 있는 작은 일부터, 정직하고 성실하게 해 나가야 한다. 모르는 것은 부끄러운 것이 아니다. 모르면서도 배우려고 하지 않는 것이 정말 부끄러운 것이다.

60대 C씨의 지난 30년은 술에 취한 채 흘러갔다. 집에서는 물론 친척들이나 동네 사람들에게도 C씨는 그저 주정뱅이였다. 제대로 된 일을 그만둔 지 십수 년이 지났다. 어슬렁거리며 나가 술을 사오고, 어두운 방 안에서 술에 취해 잠드는 것이 C씨가 하는 일의 전부였다.

입원 치료 후 돌아온 집에서 더 이상 술을 사러 가지도, 술을 마시지도 않는 C씨는 하루 종일 할 일이 없었다. 아침이면 바쁘게 일터로 나가는 가족들의 뒷모습을 우두커니 바라볼 뿐이었다. 자녀들에게 뭐라도 말을 걸어 보고 싶었지만 어느새 훌쩍 다 자라 버린 자식들에게 딱히 할 말도, 해 줄 것도 없었다. 간혹 뭔가 의논할 일이 생기더라도 아버지인 자신보다는 어머니인 아내를 먼저 찾았고, 자신이 무슨 일인가 궁금해하면 어색한 웃음을 지으며 얼버무리곤 했다.

C씨가 술에 빠져 살던 시절 생계를 책임져야 했던 아내는 혼자서 식당을 시작하여 이젠 자리를 잡았다. 큰아들과 며느리도 식당에서 함께 일하고 있었고, 제법 장사도 잘되는 것 같았다. 뭐라도 자신의 일이 있을까 싶어 식당을 기웃거려 보았지만 오히려 방해가 된다는

듯한 몇 번의 눈총을 받고는 식당을 나가는 것도 어색할 뿐이었다.

그러던 어느 날, 식당 의자가 몇 개 망가져 한쪽 구석에 쌓여 있는 걸 보게 되었다. 어렸을 때도 손재주가 있었고, 젊은 시절 건설 현장에서 다양한 일들을 해 본 경험이 있었기에 의자 몇 개 고치는 건 일도 아니었다. 그렇게 고쳐 간 의자에 별다른 말은 안 했지만 슬그머니 망가진 문을 손으로 가리키는 아내의 모습에 C씨는 너무나 반가운 마음이었다. 한적한 소도시 외곽에 자리 잡은 식당은 은근히 손 갈 데가 많았다. 그날부터 C씨는 하루도 빠짐없이 식당에 출근해 이것저것 공구를 들고 다니며 식당을 손보기 시작했고, 결벽증에 가깝도록 깔끔하고 야무진 손길로 식당을 관리해 나갔다. 앉아서 김치를 담가야 하는 아내를 위한 앉은뱅이 의자를 솜씨 좋게 만들어 주거나, 식재료 보관을 위한 창고의 선반을 훨씬 편리하게 손봐 주기도 했다.

그렇게 C씨는 자기가 할 수 있는 일로 조금씩 보탬이 되어 가고 있었다. 이젠 식당에서도 집에서도 조금은 어깨를 펼 수 있었고, 표정 역시 훨씬 밝아지고 있었다. 꿰다 놓은 보릿자루 같던 존재에서 그래도 조금은 필요한 존재가 된 것 같아 식구들 볼 면목도 서는 것 같았다. 왠지 자기를 바라보는 아들의 눈빛도 예전보다는 호의적인 것 같았고, 아버지라 부르는 목소리도 조금은 다정해진 것 같았다. 무엇보다 남편 노릇, 아버지 노릇을 해 가는 자신의 모습이 스스로 뿌듯했다.

독립적인 삶을 사는 것이다

중독에 빠졌을 때의 삶은 술에만 기댄 것이 아니라 주변 사람들에게 기대어 산 삶이었다. 중독은 술에 대한 의존뿐 아니라 한 인간의 모든 면에서 의존성을 강화시킨다. 그러기에 한 사람의 어른으로서 독립적인 삶을 살아내지 못한다. 스스로의 힘으로 무엇인가를 하려 하기보다는 누군가에게 또는 무엇인가에 기생하는 삶을 산다. 그리고 의존을 기꺼이 허락하는 누군가가 이들과의 공생관계를 형성한다.

의존의 대가는 집착과 통제이다. 누군가에게 의존하면 할수록 상대는 집착하고 통제하려 할 것이다. 서로에 대한 의존과 기생, 집착과 통제의 불편한 관계 속에서 이들은 서로를 원망하며 화를 낸다. 하지만 집착하는 사람도, 의존하는 사람도 서로가 필요하다. 의존하는 사람은 자기를 좀 그냥 두라고 소리치지만 그 사람 없이 혼자서는 아무것도 할 수 없어 다시 그 사람을 잡는다. 집착하는 사람은 너무 힘들다고 소리치면서도 자기에게 의존하는 사람이 없으면 자신의 존재감이 없어지는 것 같고 공허해서 다시 그 사람을 붙잡는다. 이러한 관계는 결국 서로를 고통스럽게 하고 성장하지 못하게 할 뿐이다. 그리고 이러한 관계 속에서 중독은 심화되어 간다.

회복은 의존과 집착에서 벗어나 온전히 자신의 두 발로 바로 서는 일이다. 함께 손은 맞잡을지언정, 더 이상 누군가에게 기대지 않는다. 의존에서 벗어난 독립적인 삶은 회복의 과정에서 중요하며, 독립적인 삶을 살아가지 못한다면 진정한 회복이라 할 수 없다. 스스로 자신의 삶을 책임지는 독립적인 삶을 위해 우선 필요한 것은 정서적 독립과 경제적 독립이다.

정서적 독립은 자기감정이 자신의 것이라는 것을 이해하고 받아들이는 것이다. 자기감정의 책임을 타인에게 돌리지 않는 것이다. 술 마시던 시절의 중독자는 대부분 화가 나 있거나 자기연민에 빠져 있었다. 세상에 대해 그리고 주변 사람들에게 화를 내며, 그 분노의 책임을 세상과 다른 사람에게 돌리고 있었다. 그리고 자신을 화나게 하는 세상과 사람들 때문에 술을 마시지 않을 수 없다고 항변했다. 하지만 세상과 주변 사람들은 그저 거기에 있을 뿐, 화를 내고 있는 것은 바로 자기 자신이었다. 다른 누구의 탓이 아니다.

자기감정을 자신의 것으로 온전히 받아들이기 위해서는 자기 마음에서 일어나는 감정을 명백히 알아차리며, 너 때문에 화가 났다고 외치기보다 왜 화가 났는가에 대해 자기 자신을 살펴보아야 한다. 자기 혼자만의 기대가 좌절되었는지, 상대의 반응이 자신의 기대와 달랐는지, 자신의 뜻대로 상대가 따라 주지 않았는지를 생각해 보아야 한다. 그리고 상대의 반응과 행동 이전에 자신의 기대와 생각, 뜻이 무엇이었는지를 솔직하게 들여다보아야 한다.

이렇게 하다 보면 자신의 기대와 현실이 구분되고, 결국 자기 기대와 생각대로 되지 않아서 화가 난 것임을 인정하게 된다. 그리고 상대의 반응과 행동은 자신의 영역이 아닌 상대의 것임을 이해할 수 있다.

경제적 독립 역시 중요하다. 술을 마시던 시절 중독자는 술값을 위해 온갖 잔소리와 무시를 견딘다. 자존심보다 한 병의 술이 더 절실했기 때문이다. 하지만 회복 중인 중독자는 이런 잔소리와 무시를 견딜 수 없다. 그래서 경제적인 독립이 필요하다. 경제적 독립을 통해 누구의 눈치도 보지 않고 살아갈 수 있는 자신감이 생긴다. 그래야 당당하게 회복할 수 있다.

경제적 독립을 위해 직업을 가져야 한다. 직업을 갖는다는 것은 경제적 독립뿐 아니라 규칙적인 생활태도나 책임감을 갖게 하고 대인관계와 갈등 해결, 스트레스 대처 등 다양한 측면에서의 성장을 가져올 수 있다. 그뿐만 아니라 사회의 한 구성원으로서의 소속감과 자존감을 높여 준다.

물론 빨리 돈을 벌고자 하는 조급함이나, 그동안 술로 인해 뒤처진 듯한 자신의 시간을 만회하기 위해 무리해서 일에 매진하는 것은 오히려 위험한 결과를 초래할 수 있음을 기억해야 한다. 경제적 독립 역시 술을 마시지 않는다는 것을 전제로 하기에 단주를 위태롭게 하는 무리한 노력은 모든 것을 수포로 만들 수도 있다.

50대 중반의 D씨는 현재 5년째 단주를 유지하고 있다. 음주 당시 D씨는 일거수일투족을 아내의 통제하에 생활하였고, 모든 경제권은 아내가 가지고 있어 아내에게 조금씩 용돈을 받아 쓰고 있었다. 부모에게서 물려받은 재산이 꽤 많았던 D씨는 조그만 사업체를 운영하고 있었지만 음주문제가 심각해지면서 이런 저런 문제들이 발생하기 시작하였고, 이 때문에 조금씩 사업에 개입하기 시작했던 아내는 어느 순간 완전히 모든 것을 좌지우지하고 있었다. 부모님 역시 술에 취해 사고를 치는 아들보다는 생활력 강한 며느리를 더 신뢰하면서 D씨는 완전히 설 자리를 잃고 말았다.

이후 몇 번의 입·퇴원을 거쳐 단주를 시작한 D씨는 다시 자신이 운영하던 사업체에서 일을 시작하였다. 단주가 1년이 넘어가면서 점차 부모님도 D씨를 신뢰하기 시작하였고, D씨 역시 자신이 잘하고 있는 모습을 주변에 보여 주고 인정받고 싶은 마음에 더더욱 일에 열중하였다. 하지만 D씨가 일에 열중할수록 아내와의 갈등이 오히려 심해지고 있었다. 아내는 여전히 남편이 하는 모든 일에 일일이 확인하고 관여했으며, 간섭하지 말라며 짜증을 내는 D씨의 모습을 여전히 불안하게만 바라보았다. D씨의 아내는 지금껏 이름만 걸어 놓았던 남편 대신 자신이 모든 것을 해 왔기 때문에 자신이 훨씬 더 잘할 수 있다고 생각했고, 술만 마시던 남편은 물정을 잘 모르기 때문에 도와줘야 한다고 주장했지만, 내면에는 자신의 존재감이 없어질 것 같은 불안과 자신이 통제해야 한다는 고집이 자리 잡고 있었다. 게다가 남편이 언제 또 술을 다시 마실지 모른다는 생각에 자신이 일을 놓을 수는 없다고 생각했다.

아내와 대화를 하면 할수록 답답함을 느끼던 D씨는 빨리 자신의 입지를 다지기 위해 다소 무리한 사업상 선택을 하게 되었고, 이는 결국 실패로 돌아갔다. 빨리 인정받고 싶은 D씨와 통제하고 싶은 아내의 갈등은 결국 이 상황에서 서로를 탓하며 큰 싸움으로 번졌다. 그리고 사업상 문제에 대한 부담감과 아내에 대한 복수심, 답답함과 억울함 등의 감정을 이겨내지 못하고 다시 술을 마시고 말았다.

이 일을 계기로 D씨와 아내는 다시 회복 프로그램에 참여하면서 서로의 문제를 이해하게 되었다. 아내는 자신이 도와주려 한 것이 남편에게 상처가 되었음을 이해하고 남편에 대한 간섭과 통제를 내려놓기 위해 노력하였다. D씨 역시 조급하게 인정받으려 했던 자신의 모습을 고백하고 회복을 위한 노력을 지속하고 있다.

이타적인 삶을 사는 것이다

　회복을 통해 중독자는 이전의 자기중심성을 벗어나 다른 사람을 돌아보게 된다. 이들은 중독으로부터의 회복이 자기 혼자의 힘으로는 결코 가능하지 않음을 잘 알고 있다. 다시 일어설 수 있도록 손 내밀어 주고, 비틀거릴 때 손 잡아 주던 누군가가 있었기에 회복이 가능했음을 안다. 그러기에 자신이 바로 서게 되었을 때, 주변을 돌아보며 다시 일어나려 애쓰는 이들에게 손을 내밀 수 있게 된다.

　이타적인 삶은 회복으로 인한 변화이기도 하지만 동시에 회복의 원동력이 된다. 이타적인 삶은 자신에 대한 긍정적 시각은 물론 회복의 길을 함께 가는 동행을 선물한다. 누군가를 돕는 자신의 모습은 스스로에게 뿌듯함과 당당함을 갖게 한다. 다른 이를 배려하고 돕는 이들의 모습은 주변의 시선은 물론 자기 자신을 바라보는 스스로의 시선 역시 변화시킨다.

　뿐만 아니라 내 손을 잡아 준 사람과 내가 손을 내밀어 그 손을 잡고 일어선 모든 이들은 함께 회복의 여정에서 서로 힘을 주고받으며 나아가는 동료가 된다. 혼자 걷기에 너무나 힘겹고 외로운 회복의 여정에서, 함께 손잡고 걸어갈 수 있는 동료는 너무나 소중하다. 그렇기에 회복의 과정에서 다른 이를 위한 행동은 곧 자신을 위한 행동이 된다. 다른 이를 돕는 것은 무엇보다 자신의 회복을 위한 것임을 기억해야 한다.

중요한 것은 다른 이를 돕고자 할 때에 먼저 자신에게 그 사람을 도울 수 있을 만큼의 힘이 있는지, 왜 돕고 싶은지를 정직하게 살펴봐야 한다. 자신이 아직 두 발로 바로 서지 못한 상태에서 그저 돕고자 하는 조급한 마음에 욕심껏 손을 내밀다 보면 함께 넘어질 수도 있기 때문이다.

무리해서 누군가를 도우려 하기보다는 먼저 자신이 잘 회복해 나가는 모습 자체가 다른 이들에게 도움이 됨을 기억해야 한다. 스스로의 삶을 잘 살아가는 모습은 다른 이들에게 회복에 대한 희망을 갖게 하고, 회복의 노력을 하게 하는, 무엇보다 중요한 도움이다.

E씨는 어렸을 때부터 집안의 말썽꾼이자 마을의 골칫거리였다. 성인이 되어 가끔 일을 하기도 했지만 대부분의 경우 동료들에게 괜한 시비로 힘들게 하거나 술에 취해 저지른 사고로 직장에 피해를 끼친 채 그만두곤 했다. E씨도 이렇게 살고 싶지는 않았다. 하지만 뭔가 잘 해 보려 해도 불쑥 솟구치는 분노나 만취 상태에서의 기억할 수 없는 행동들은 자신을 도저히 통제할 수 없는 괴물처럼 느끼게 하였다.

가족들에게 폭력을 행사하며 빼앗은 돈으로 술이나 마시며 자신을 망가뜨려 가던 어느 날, 자신에게 도저히 불가능할 것 만 같던 단주가 시작되었다. 자기처럼 주정뱅이 소리를 듣다가 어느 날 술 끊고 잘 살고 있다는 소문만 들었던 먼 친척 형이 자신의 손을 잡고 AA모임에 갔던 것이다. 거기서 자신의 모습과 똑같았던 많은 사람들의 경험담을 들으며 왠지 모를 눈물이 나왔고, 그들이 이제는 깨끗한 옷을 입고 밝은 표정으로 술을 끊고 살고 있음을 이야기하자 자신도 해 봐야겠다는 생각을 갖게 되었다. 이렇게 단주는 시작되었다.

  쉽지 않은 시간을 거치며 E씨의 단주가 어느 정도 안정되었고, 단주 초기의 감격이나 감사가 조금씩 무뎌지고 있던 즈음이었다. 그때 E씨는 어느 정신병원으로 메시지를 전하러 가 보지 않겠냐는 권유를 받게 되었다. 집에서 좀 먼 거리이기도 하고, 병원에 대한 안 좋은 기억이 있던 터라 좀 망설여지기는 했지만 그래도 좋아하던 선배의 권유였고, 회복에 도움이 될 거라는 말에 결심을 하게 되었다.
  어차피 가는 거면 잘 하고 와야겠다 생각했다. 가능한 깔끔하게 입고 밝은 표정을 짓고자 하였다. 술 마시던 시절 참석했던 AA에서 이런 모습의 회복자는 자신에게 그 자체로 희망이었기 때문이다. 사실 특별하게 꾸미지 않아도 이전과는 달리 깔끔하고 밝은 표정의 모습으로 변해 있긴 했다. 그렇게 참여한 병동의 메시지에서 E씨는 현란한 말솜씨는 아니었지만 대신 진심을 담아 자신의 이야기를 나누었다. 많은 환자들은 억지로 끌려 나온 듯 불만 가득한 표정으로 눈을 감고 있기도 했고, 몇몇은 장사꾼 보듯 하는 눈초리로 그 진심을 의심하기도 했지만 그중 몇 명은 E씨가 예전에 그랬던 것처럼 그의 얘기에 귀 기울이며 눈물을 흘리기도 했다. 그리고 메시지가 끝나자 E씨의 손을 잡고 감사 인사를 전하며 E씨처럼 되고 싶다는 바람을 전하기도 하였다.

  E씨는 그저 자신의 이야기를 했을 뿐인데, 자신의 이야기가 누군가

에게 이렇게 희망을 줄 수 있다는 것이 너무나 뿌듯했다. 한 번도 느껴
본 적이 없었던 감정이었다. 술에 쩔어 살던 망나니였고, 지금까지 그
저 술 끊는 것만으로 만족하며 살고 있었다. 그런데 자신에게는 흑역
사인 망나니 같던 과거 이야기를 했을 뿐인데 그 이야기가 누군가에게
도움이 되고 있었다. 살면서 한 번이라도 이렇게 누군가에게 도움이
되었던 적이 있었나, 누군가에게 나처럼 되고 싶다는 이야기를 들었던
적이 있었나 싶기도 했다. 자신의 모습이 온전히 받아들여지고 있다는
느낌이 들었고, 회복을 하고 있는 지금의 자기 모습이 너무나 당당하
게 느껴졌다. 뿐만 아니라 자신이 그래도 세상에 조금은 필요하고, 의
미 있는 존재일 수 있겠다는 생각도 하게 되었다. 자신이 조금씩 좋아
지기 시작했다.

단주를 시작하지 못했다면 자신 역시 이렇게 환자복을 입은 채 병원
에 갇혀 있었어야 했을 것이다. 아니, 지금쯤 세상에서 사라져 버렸을
수도 있다. 그러나 자신은 회복하고 있다. 그것 자체가 얼마나 놀라운
일임을, 얼마나 감사할 일임을 이 시간을 통해 새삼 실감하게 되었다.

E씨는 다른 이를 돕는 것이 곧 자신을 돕는 것이라는 것을, 그리고
자신의 회복을 위한 길이라는 것을 알게 되었다. 그래서 다른 이의 회
복을 돕기 위해 자신이 할 수 있는 것이 무엇일까에 대하여 더욱 진지
하게 생각해 보기 시작하였다.

인간의 도리를 알고 행하는 영적인 삶이다

중독은 영적인 병이라고들 이야기한다. 여기에는 중독자의 마음가짐이나 행동이 인간 이하의 모습을 보인다는 뜻이 담겨 있다. 중독이 되면 인간이 갖추어야 할 예의, 배려 등을 잃는다.

이런 모습은 특히 가족관계 안에서 두드러진다. 다른 사람들한테는 잘하는 경우에도 가족에게는 예의나 배려가 전혀 없는 모습을 보인다. 때문에 중독자는 '네가 사람이냐?'라는 말을 자주 듣는다. 누군가는 '중독자는 사람도 아니다'라고 말한다.

중독자의 가족 역시 예의와 배려가 없다. 특히, 중독자에 대한 예의와 배려가 없다. 중독자도 사람이다. 사람은 사람 대접을 해 줘야 한다. 하지만 가족들은 중독자를 사람 대접 해 주지 않았다. 중독자가 술을 마셨을 때, 술을 왜 마셨는지, 저 사람이 술을 마시고 하고자 하는 이야기가 무엇인지 궁금해하지 않는다. 그 마음을 배려하지 않는다. 그저 술을 못 마시게 하려고 통제하거나 비난하며 잔소리한다. 가족들은 이러한 행동이 관심과 사랑이 아닌 간섭과 통제라는 것을 알지 못한다.

회복을 한다는 것은 사람다운 모습을 갖추어 가는 것이다. 이것이 영적 회복이라고 할 수 있다. 즉, 영적 회복이란 한 인간으로서 더욱 사람다운 모습으로 성장해 가는 것이다. 모든 인간은 한 인간으로 태어나 나이가 들면서 더욱 깊이 있고 아름다운 모습으로 성장해 가야 한다. 주변을 둘러볼 줄 알고, 받은 것에 감사할 줄 알고, 배려하고, 베풀 줄 아는 그런 사람이 되어 가야 한다.

회복은 그저 단주의 기간을 늘려 가는 것이 아닌, 한 인간으로서 더욱 아름답고 성숙한 모습으로 성장해 나가는 것이다. '영적 완전함'보다는 '영적 향상'을 추구한다는 AA의 슬로건처럼 완벽한 인간이 되는 것이 아니라 오늘보다 더 성장한 내일을 위해 노력하는 것이다.

중독자의 올바른 영성 살이를 위해 꼭 필요한 것은 AA 모임과 12단계 프로그램을 통한 자신에 대한 성찰과 마음챙김이다. AA의 영적 프로그램이라 할 수 있는 12단계의 1~3단계는 자신의 무력함을 깨닫고 더 큰 힘에게 의탁하는 단계이다. 그리고 4~10단계는 인간으로서 지켜야 할 도리와 인격, 인간관계를 검토하여 변화하고 성장해 가야 함을 이야기하고 있다. 이를 위해 자신의 도덕적 잘못과 성격적 결함, 인간관계에서의 문제를 성찰하고 점검한다. 11단계에서는 보다 깊은 자기성찰을 위한 명상과 신에 대한 기도를 통하여 영성을 회복하고 12단계에서는 희생과 봉사를 배우고 실천하게 된다. 이러한 과정은 중독으로부터 벗어나는 것만이 아니라 보다 성숙한 영성 살이를 가능하게 한다. 또 마음챙김을 통해 자기를 잘 이해하고 자기의 행동을 조절할 수 있다.

그 외에 영성 살이를 위해서는 신앙 가지기, 삶의 의미와 목적 찾기, 사소하고 평범한 일에서 감사하기, 자기와 타인을 용서하기 등이 도움 된다. 이러한 노력이 쌓여 가면서 영성 살이를 잘 하게 된다. 영성 살이란 한마디로 자연스럽고 평화로운 삶이다.

인간으로서 갖추어야 할 기본적 소양, 즉 예의범절, 감사, 용기, 용서, 겸손, 배려, 희생, 봉사 등이 생활 속에 녹아 있는 삶이다. 중독자가 영적인 기쁨을 한번 맛보면 더 이상 중독 대상으로 도피하지 않는다. 영성의 기쁨은 음주에서 얻어지는 것만큼 빠르고 자극적이지 않더라도 지속적인 마음의 평화를 준다. 영성 살이를 통해 마음의 평화를 느끼면 중독 대상에 대한 갈망이 줄어든다.

건강하고 성숙한 관계를 맺는 것이다

중독은 많은 것을 망가뜨리지만, 특히 관계를 망가뜨린다. 술 마시던 시절 관계의 어려움은 음주의 좋은 핑계이자, 음주의 가장 불행한 결과이기도 하다. 인간관계의 어려움으로 술로 빠져들고, 술에 빠져들수록 인간관계는 더욱 망가져 간다.

끝 모를 예민함이나 이유 없는 원한으로 누군가를 괴롭히기도 했다. 누군가의 별 의도 없는 언행을 핑계로 술 마실 구실을 찾거나, 그 사람으로 인해 자신은 불행할 수밖에 없다는 피해 의식을 갖기도 했다. 죄책감이나 자격지심으로 호의를 갖고 다가오는 누군가를 밀어내기도 했고 자신의 음주를 걱정하는 많은 사람들에게 벽을 만들곤 했다. 자신의 기대대로 되지 않는다고 해서 무작정 화를 내거나 그 의도를 의심하기도 했다. 친밀하지는 않으면서 의존을 위한 밀착 관계로 서로를 옭아매기도 하였다. 이 과정에서 주변의 많은 사람들로부터 점점 멀어졌고, 언젠가부터 주변에는 자신처럼 술 마시는 사람들만 남아 있거나, 아니면 혼자가 되었다. 무엇보다 가까운 관계일수록 더 많은 상처를 주고받는 중독의 특성으로 인해 가족은 음주의 과정에서 가장 가깝지만 가장 먼 관계로 변해 버렸다.

외로움에서 벗어나고자 또는 어떻게든 관계를 맺어 보고자 술을 마시기도 했다. 하지만 중독자에게 이러한 시도는 대부분의 경우 실패로 이어졌다. 한때는 효과적으로 보이기도 했을지 모르지만 일시적일 뿐이었다. 다음 날 신기루처럼 사라지는 소속감이었다. 결국에는 술로 인해 홀로 남게 되었음을 인정할 수밖에 없었다.

중독 여부와 상관없이 한 인간의 삶에서 관계는 중요하다. 행복이나 만족을 결정하는 중요한 요인이 되고 있다. 관계는 누군가에게는 살아가는 이유가 되기도 하고, 자신의 가치를 확인하는 거울이 되기도 한다. 회복 중인 중독자에게 그동안의 역기능적인 관계의 패턴에서 벗어나 건강한 관계 맺음을 해 가는 것은 단주의 유지에도 중요할 뿐 아니라 한 인간으로서 성장해 나가는 회복의 측면에서도 필수적이다.

회복은 보다 건강하고 성숙한 관계를 맺어 가는 것이다. 하지만 누구도 처음부터 건강하고 성숙한 관계를 할 수 있는 것은 아니다. 아주 어린 시절부터 끝없이 배우고 연습하는 것이 관계이다. 어린 아기들도 자신을 돌보는 사람의 분위기를 느끼며 예쁜 짓 하는 것을 배운다. 커 가면서 더 이상 예쁜 짓만으로 통하지 않고 서로 다른 사람들과, 서로 다른 방식으로 어떻게 관계를 맺어 갈지 끊임없이 고민하고 배워 간다. 그렇게 치열하게 고민하고 시도하고 실패하고 성공해 가는 과정을 통해 관계 안에서 살아가게 된다. 어쩌면 평생 인간의 가장 큰 고민은 사랑을 포함한 관계의 문제일지 모른다.

중독자는 그 과정을 술에 빠져 생략했다. 때문에 단주를 시작한 중독자는 많은 것에 서툴지만, 특히 관계에서의 미숙함이 두드러진다. 싸우고 화해하는 법도, 호감을 표현하는 법도, 이성과의 만남을 가지는 법도, 부탁하고 도움 받는 법도, 싫은 소리 하는 법이나 거절하는 방법도 잘 모르는 경우가 많다. 그래서 술의 힘을 빌렸고, 술을 끊고 난 후 어떻게 해야 할지 모른다. 그렇기에 배워야 한다. 이를 위해 회복의 과정에서 다양한 많은 사람들과 관계를 맺어 가는 것이 필요하다. 특히, 가까운 사람들과 친밀한 관계를 다져가는 것은 아주 중요하다.

건강하고 성숙한 관계는 어떤 관계일까? 먼저 정직한 관계이다. 정직한 관계는 자신을 있는 그대로 드러낼 수 있고, 자신의 욕구와 감정, 생각 등을 표현할 수 있는 관계이다. 그리고 그 모습 그대로 수용하고 수용받을 수 있어야 한다. 서로를 판단하거나 비난하지 않고, 있는 그대로 이해하고 존중하는 태도가 필요하다. 이를 통해 진정 친밀한 관계가 주는 안전감과 행복감을 경험하게 될 것이다. 만일 상대에게 자신이 바라는 모습만을 요구한다면 그 사람은 가면을 쓴 모습으로 관계에 임할 것이다. 때로는 온갖 비밀과 수치심으로 자신의 마음은 열지 않고 꽁꽁 감추면서, 상대에게는 마음을 열고 다가와 주기를 일방적으로 바라기도 한다. 이러한 관계는 서로를 진정 알지 못하는 공허한 만남일 뿐이다.

건강하고 성숙한 관계는 또한 서로를 신뢰하고 성장시키는 관계이다. 그 사람이 가진 잠재력을 믿어 주고, 기다려 줄 수 있는 관계, 그 역시 충분히 해낼 수 있음을 믿고 응원하는 관계이다. 상대를 통해 바라본 자신의 모습이 근사하다면, 그런 모습이 되고 싶어질 것이다. 하지만 그 사람과 함께 있을 때 자신이 자꾸 작아지고 초라해진다면 이는 건강한 관계라고 할 수 없다.

건강하고 성숙한 관계는 독립적이고 자신을 책임질 수 있는 관계이다. 인간은 혼자서는 살아갈 수 없는 존재이기에 서로 도움을 주고받을 수 있다. 보다 분명하게 말하자면 서로 도움을 잘 주고, 또한 도움을 잘 받을 수 있어야 한다. 하지만 이때 중요한 것이 적절한 경계이다. 자신이 책임져야 할 것은 자신이 책임져야 한다. '나'와 '너'가 분명할 때 이 둘이 함께 하는 '우리'가 가능하다. '나'가 없고 '너'가 분명하지 않은 관계는 경계 없이 밀착되어 서로를 불행하게 할 뿐이다. 친밀하지만 적절한 거리를 유지할 수 있는 관계가 필요하다.

건강하고 성숙한 관계는 하나의 모습으로 고정된 형태는 아닐 것이다. 관계는 유동적이다. 끊임없이 변화하고 새롭다. 부모─자식 간의 관계도 자식이 커 가고 부모가 늙어 감에 따라 관계의 양상이 변한다. 연인 관계도, 친구 관계도 상황이 바뀌고 사람이 성장해 가며 변화해 갈 것이다. 건강한 관계는 이러한 변화에 유연하게 적응해 갈 수 있어야 한다. 이때 중요한 것이 소통이다. 소통을 통해 조금씩 조율되어 가는 관계가 가장 아름다운 화음을 만들어 낼 수 있다. 한번 맺어졌다 해서 방치해도 되는 관계는 없다. 관계는 끊임없이 서로 맞추어 가기 위한 노력을 요구한다.

관계라는 것이 항상 좋은 것만은 아니다. 힘겹기도 하고, 아프기도 하고, 거슬리기도 한다. 누군가가 싫어질 수도 있고, 동의

하지 못할 수도 있다. 여전히 자신을 불편하게 하는 사람이 있을 수 있다. 하지만 회복을 해 가며 보다 관대해질 필요가 있다. 관계의 어려움을 견딜 수 있어야 하고, 관계의 무거움 역시 견딜 수 있어야 한다.

3. 회복의 출발

알코올 중독으로부터의 회복은 많은 사람이 실제로 경험하고 있고, 실제로 일어나는 일이다. 이 말이 실감나지 않는다면 AA모임이나 AA컨벤션에 참석하여 회복을 경험하고 있는 이들을 자신의 눈으로 직접 확인할 수 있다. 이 외에도 회복 중인 이들이 모이는 곳은 많다.

우리가 회복을 실감하지 못하는 이유는 아마도 회복 중인 알코올 중독자는 눈에 잘 띄지 않기 때문일 것이다.

술을 마시는 알코올 중독자는 눈에 띈다. 이들은 너무나도 눈에 잘 보이기에, 한번 중독에 빠져든 사람은 중독에서 벗어나지 못하고 계속 그 모습 그대로 살아가는 것처럼 여겨진다. 하지만 회복 중인 많은 이들은 그저 보통의 사람처럼 일상적인 평범한 모습으로 살아가고 있기에 눈에 잘 띄지 않는다. 눈에 띄지 않는다는 것은 평범한 모습으로 잘 회복해 살아가고 있음을 보여 주는 반증이다. 그렇기에 눈에 띄지 않는다고 회복하는 사람이 없는 것이 절대 아니다.

회복은 실제로 일어나고 있고, 가능하지만, 당연한 것은 아니다. 그리고 술을 더 이상 마시지 않는다고 해서 모두 다 회복이라 할 수 있는 것도 아니다. 회복은 단순히 술을 마시지 않으면 저절로 이루어지는 일이 아니다. 세월이 흐르면서 나이를 저절로 먹지만, 당연히 어른이 되지는 않는 것처럼 말이다. 나이만 먹은 어른, 어른답지 않은 어른이 있다. 마찬가지로 술을 마시지 않는 시간이 오래 되어도 회복을 통해 성장하지 못하는 이들이 있다.

실제로 술은 더 이상 마시지 않지만, 그 삶은 술 마시던 시절과 다르지 않은 사람들이 있다. 술을 마시지는 않지만 여전히 정신적으로는 술에 취해 있는 상태인 마른 주정이라 할 수 있다. 이는 회복이 아니다. 뿐만 아니라, 회복을 하며 성장하지 못한다면 술을 마시지 않는 시간이 오래 이어지기는 어렵다. 회복을 해 가지 않으면, 즉 지속적으로 성장 발달하면서 자기 마음을 주시할 수 없으면 그 사람을 기다리는 것은 재발뿐이다.

회복하는 사람들의 모습을 보고, 회복에 대한 믿음과 희망을 가지면서 단주에 대한 동기가 생기게 된다. 여기에서 말하는 희망이란 단순히 술을 안 마시고 살 수 있다는 의미가 아니다. 저 사람처럼 나도 멋지게 살 수 있을 것이라는 희망을 의미한다. 단순히 술이 없는 삶이 아니라, 지금과는 다르게 살아가는 삶의 모습을 그려 보는 것이 희망을 가지는 일이다. 어떤 삶을 살 것인가 보다는 전인적인 변화에 대한 희망이다. 그리고 이러한 변화는 누구라도 가능하다.

회복을 통해 전화위복의 삶을 살 수 있다

전화위복(轉禍爲福)이란 화가 오히려 복이 되는 것을 의미한다. 여기에서 '화(禍)'를 '복(福)'으로 만드는 것은 '화'가 곧 '복'이어서가 아니다. '화'를 단순히 '화'에 머무르게 하지 않고, 이를 '복'으로 만드는 일이고 '복'으로 간주하는 것이다. 그리고 이것이 바로 회복이다.

대부분의 사람에게 중독은 살면서 피해 가야 할 사고나 불행이며, 중독자가 되지 않는다면 훨씬 더 잘 살아갈 수 있으리라 여긴다. 아마도 그럴 것이다. 중독으로 인해 관계가 파괴되고, 건강이 망가지고, 사회에서 아웃사이더로 밀려나는 것을 본다면 중독은 살면서 절대 경험되지 않아야 할 것임에 분명하다. 중독이 중독으로만 끝난다면, 즉 중독에 빠진 채 회복으로의 전환을 경험하지 못한다면, 중독은 세상 무엇보다 한 개인의 삶, 더 나아가 그 가족과 주변인의 삶까지 망가뜨릴 수 있는 최악의 재앙이 된다.

하지만 회복의 과정에서 성장을 경험한 사람들은 중독과 회복을 통해 성장해 가며 삶이 훨씬 의미 있는 시간이 되어 감을 많은 경험담을 통해 전하고 있다.

중독은 운이 나빠서, 우연히 발생하는 사고가 아니다. 한 인간이 가진 다양한 문제들이 중독이라는 열매를 맺어 밖으로 드러나는 것이다. 한 예로, 대부분의 중독자는 감정을 표현하는 데 서툴다. 감정 표현에 서툰 이가 자신의 감정을 표현하기 위한 하나의 수단으로 술을 선택하고, 어느 순간 유일한 감정 표출의 방법이 술이 될 때 그 사람은 중독에 빠져든 것이다(이는 중독의 속성이다. 그것 없이는 무언가를 하지 못한다면 그것은 의존이다. 술 없이도 감정 표현을 잘 하는 사람이 술을 마시고 자신의 감정을 표현한다면 그것은 단지 술자리에서의 감정 표현이지만, 술 없이는 감정 표현을 하지 못하는 사람이 어떤 감정—주로 부정적인—에 가득 차 터지기 일보 직전일 때 술의 힘을 빌려 감정 배출구의 문을 여는 것이라면 이는 중독이다). 이들은 술이 아니더라도 이미 삶의 어려움이 있었고, 술—아마 술이 아니었다면 다른 무엇인가의—의 힘이 필요한 사람이었다. 그리고 중독이 심화되면서 그 어려움은 더욱 심화된다. 이럴 때 중독은 문제를 드러내고 도와달라 외치는 구조 신호일 수 있다.

몸 안에 염증이 있어 열이 나는 사람의 예를 보자. 고열이 견디기 힘들다고 해열제로 열만 내린다고 문제가 해결되는 것은 아니다. 문제 해결 없이 약의 힘을 빌려 내린 열은 조만간 다시 오를 것이 분명하다. 이때 열이 왜 나는가를 파악해서 원인이 되는 염증을 치료한다면 다시 열이 나지 않을 것이고 건강한 몸으로 남은 시간을 살아갈 수 있다. 중독은 삶의 다양한 근원적인 문제로 인해 발생하는 열과 같다. 몸 안의 염증은 보이지 않고 단지 고열이 힘겹게 느껴지는 것처럼, 삶의 근원적인 문제는 중독으로 인한 힘겨움에 가려져 인식조차 되지 않는 경우가 많다. 하지만 중독의 문제가 해결되기 시작하면서, 즉 회복을 시작하면서 많은 이들은 중독 뒤에 가려져 있던 자신의 문제와 비로소 직면하게 된다. 중독자의 가족이나 주변인들 역시 술만 안 마시면 아무 문제없을 것 같던 그 사람의 음주 뒤에 가려진 모습을 보면서 정작 술이 문제가 아니었음을 알게 된다.

　중독으로부터의 회복은 자신의 다양한 문제를 그 뿌리부터 다시 짚어 보고 해결할 기회를 제공한다. 중독에 빠졌다(=열이 난다)는 것은 해결해야 할 무엇인가(=몸 안의 염증)가 있다는 것을 자명하게 보여 주기에 이 문제에 집중할 수 있게 해 준다. 자신을 돌아보게 하고 돌보게 하는 이러한 과정이 회복이다. 자신을 관찰하고 성찰하는 사람, 자신의 문제를 알고 인정하는 사람은 누구보다 성숙하고 행복한 삶을 살 수 있다. 중독과 회복의 경험은 단순히 빠져나와야 하는 시간이나 덧없는 시간인 것만은 아니다. 중독과 회복은 그 고통만큼이나 성장의 자양분이 될 수 있다. 그렇기에 버릴 수도, 부정할 수도 없는 자신의 지난 삶의 시간들을 그저 후회와 한숨뿐인 흑역사로 남기기보다는 그것을 동력으로 더 나은 삶을 살아갈 수 있는 스프링보드로 삼는 것이 현명한 태도일 것이다.

　회복은 일회성의 에피소드가 아니다. 단주를 통해 시작되지만 완결 없이 계속 이어지는 과정이다. 죽는 순간까지 계속해서 나아가는 삶의 여정에 다름 아니다. 회복은 결국 한 인간으로서의 성장의 과정이자 곧 삶이다.

　또한 회복의 과정은 누군가 대신 걸어가 줄 수 있는 길이 아니다. 이는 누군가 자신의 삶을 대신 살아 줄 수 없는 것과 같다. 자기 삶의 주인이 된다는 것은 자신의 선택에 따라 자기 의지대로 나아간다는 것이며 동시에 자기 자신이 온전히 그것을 책임져야 함을 의미한다. 옆에서 함께 걸어가는 동행이 있을 수 있고, 어디로 가는 것이 좋겠다고 안내해 주는 이가 있을 수 있지만 결국 그 길은 자기가 걸어가야 한다. 아무리 작고 사소한 실천이라도, 아무리 힘들고 어려운 실천이라도 결국 자신의 몫이다. 다른 누군가 대신해 준다면 그것은 진정한 회복이 아니다.

　각자가 지향하는 바는 모두가 다르다. 삶과 마찬가지로 회복도 출발점과 결승점이 이어져 있는 트랙 위의 육상 경기가 아니라 각자 자신의 도착점을 향해 자신만의 길을 가는 것이다. 그러기에 다른 사람의 뒤를 무작정 따르는 것이 아니라 자신의 방향이 어디인가를 결정하는 일이 필요하며, 자신이 정한 그 길을 한 걸음 한 걸음 나가야 한다.

　이때 필요한 것이 바로 삶의 의미와 목적이다. 삶의 의미와 목적은 지향하는 바가 어디인지 알고 그 방향을 향해 나아가게 한다. 이는 바다를 항해하는 사람의 나침반과 같아서, 힘들더라도 방황하지 않고 자신이 가야 할 길을 잘 갈 수 있도록 한다. 방향 없이 걷는 것은 앞으로 나아감이 아닌 배회일 뿐이다.

회복의 방향과 의미를 찾기 위해서는 자기 자신에게 질문해야 한다. 이에 대한 답은 남이 줄 수 있는 것도, 어딘가 좋은 책에 쓰여 있는 것도 아니다. 그러한 것들은 그저 참고일 뿐, 결국 자신의 길은 스스로의 질문에 대한 자신만의 답이다. 의존이 익숙하고 편한 중독자라면 어디로 가야 하고 왜 가야 하는지에 대해 누군가 대신 답을 주고 자신을 끌어가 주기를 바랄 수도 있다. 하지만 앞에서 여러 번 이야기해 왔듯, 이는 진정한 회복이라 할 수 없다.

어디로 가야 하는지 확인하기 위해서 먼저 자신이 지금 어디에, 어떻게 서 있는지를 정확히 알아야 한다. 그리고 자신이 도달하고자 하는 그곳이 어디인지를 명확히 해야 한다. 지금 자신이 대전에 서 있고 부산으로 가고자 한다면 남쪽을 향해 나아가야 한다. 강릉에서 강화로 가고자 한다면 서쪽을 향해 나아가야 한다. 대전에서 남쪽을 향해 서 있다면 부산에 가기 위해 그대로 앞을 보고 걸어가면 되지만, 북쪽을 향해 서 있다면 뒤로 돌아서 걸어가야 한다. 자신이 살아온 삶을 돌아보고, 현재 자신의 모습이 어떠하며, 앞으로 어떠한 삶을 살아가고 싶은지를 성찰해 보는 과정은 자신이 지금 어디로 어떻게 한 걸음 떼어야 하는가에 대한 답을 알려 준다. 방향을 제대로 잡고 가야 자신이 가고자 하는 곳에 가까워질 수 있다.

4. 회복의 과정

단주: 중독이라는 구덩이를 기어오르다

중독의 구덩이는 깊고 어둡다. 술에 빠져 살아온 세월만큼이나 깊이깊이 파 내려간 구덩이는 고개를 뒤로 젖혀 힘껏 올려다보아도, 그 입구가 보이지 않을 만큼 깊고 어두워서 더 암담하고 절망스럽다. 모든 수를 쓰고 발버둥을 쳐도 벗어날 수 없을 것 같다. 아무리 소리를 질러도 저 밖의 누군가에게 들릴 것 같지 않다. 몇 번 기어 올라가려 시도해 봤지만 번번이 미끄러져 떨어졌고, 구덩이는 더 깊어지고 더 지쳤을 뿐이다. 구덩이 속에서 혼자 이렇게 살다 죽는 건가 두렵다.

하지만 문득 이대로 죽을 수 없다는 생각이 들 때, 다시 한번 고개를 들어 위를 쳐다보게 된다. 이놈의 구덩이가 지긋지긋하고 이곳에 널브러진 자기 모습이 스스로 혐오스럽게 느껴질 때면 까짓 죽든 살든 한번 올라가 보려 마지막 힘을 쥐어짜 본다. 혹시라도 누군가가 구덩이를 기어올라 저 위에 다다르는 모습을 보기라도 한다면 그래도 한번 용기를 내 볼 만하다.

회복 여정에서의 시작은 일단은 술을 더 이상 마시지 않는 것, 단주이다. 하지만 이는 결심하는 것도, 시작하는 것도 만만치 않은 일이다. 특히, 오랜 시간 중독으로 고통 받았고, 반복되는 재발을 경험했다면 이는 더욱더 어려운 일일 수 있다. 하지만 아무리 단주가 어렵다 해도, 쉽지 않다는 핑계로 이해를 바란다 하더라도, 술을 끊기 전에는 삶은 아무것도 달라지지 않는다.

중독자에게 단주는 죽느냐 사느냐의 문제이다. 술을 끊지 못한 중독자는 질병, 사고, 자살 등으로 생을 마감하게 된다. 중독자는 계속 술을 마시면 결국에는 죽음에 이를 수밖에 없음을 인식하면서, 살기 위해서 지금 당장 단주해야 함을 인정하지 않을 수 없다. 살기 위해서는 지금 당장 술을 끊어야만 한다.

술을 마신 이유와 상관없이 계속 술을 마시면 결국 자신의 삶이 망가질 수밖에 없다. 그러기에 술을 끊겠다는 결정은 술을 마실 수밖에 없었던 그 어떤 이유와 상관없이 분명한 자신의 선택이어야 한다. 세상 탓, 과거 탓, 다른 사람의 탓으로 돌리면서 계속 술을 마시든지, 아니면 단주를 하든지 결정해야 한다. 단주의 결심은 회복의 과정에서 처음으로 내리는 스스로의 선택이자 자기 인생에 대한 책임감 있는 행동이다.

단주를 망설이는 중독자가 기억해야 할 것은 중독이라는 구덩이를 빠져나간 사람이 무수히 많다는 분명한 사실이다. 술을 끊고 사는 일이 불가능하지 않다는 것이다. 이 말이 믿어지지 않는다면 지금 당장이라도 AA모임에 참석해 보기 바란다. 그곳에는 지금도 중독으로부터 회복 중인 많은 사람들이 자신의 경험을 이야기하며 구덩이로부터 멀어지고 있다. 그들이 어떻게 중독이라는 구덩이에서 빠져나왔는지 잘 들어 보자.

아니라면 각 지역의 정신건강복지센터나 중독관리통합지원센터에 전화를 걸어 보는 것도 좋은 방법이다. 전화번호를 모른다면 인터넷을 뒤져 봐도 좋고, 이도 저도 힘들다면 살고 있는 지역의 주민센터에서 복지서비스를 담당하고 있는 직원을 찾아 도움을 요청할 수도 있다.

중요한 것은 단주에 대한 결심이 섰을 때, 자신이 술을 끊고자 한다는 것을 주변에 알리고 도움을 요청하는 것이다. 누군가 구덩이에서 빠져나올 수 있도록 손을 내밀어 줄 수도 있고, 구덩이 어딘가에 발을 디딜 만한 작은 돌 조각이 있음을 알려 주는 이도 존재할 것이다. 이대로 비참하게 죽을 수는 없다. 일단은 뭐라도 해 보자.

단주를 시작한 직후에는 술을 마시지 않는다는 그 자체만으로 힘겹다. 별일 없어도 짜증이 솟구치고, 아무 이상이 없다는데도 몸은 여기저기 아프다. 조용한 일상에서도 뭔 일이 일어날 것만 같아 안절부절못하며 초조해진다. 그러면서도 이런 자신의 모습이 스스로도 이해되지 않아 더 짜증나고 당혹스럽다.

단주 직후의 힘겨움은 물고기가 물 밖에 나와 있는 것과 같고, 높은 산 위에서 산소가 부족해 그저 가만히 앉아 있는 것만으로도 힘거운 고산병의 상태와 같다. 중독자에게 술이란 숨 쉴 수 있게 해 주는 산소와도 같은 것이기에, 술이 없는 곳은 그 자체로 고산지대가 된다. 그리고 중독자가 술 없이 새로운 삶을 시작하는 것은 고산지대에 처음 올라가 고산병에 시달리는 여행자와 같은 상태가 되는 것이다. 이때 선택할 수 있는 것은 두 가지이다. 다시 산을 내려가거나(재발), 아니면 적응이 될 때까지 고산지대에서 숨을 고르면서 상황이 나아지기를 기다리는 것이다.

원래부터 높은 고산지대에 살아왔기에 희박한 산소가 익숙했던 사람에게는 고산병에 허덕이는 사람의 모습이 이해되지 않는다. 앉아서도 힘들다며 숨을 몰아쉬는 모습이 꾀병이나 게으름처럼 여겨질 수 있다. 가족이나 주변 사람의 눈에 이제 막 단주를 시작한 중독자의 모습이 바로 그렇게 보일 수 있다. 아무것도 안 하면서 이게 불편하네, 저게 힘드네 인상을 쓰고 있다. 도대체 왜 짜증을 내는지 알 수도 없다. 이유라도 안다면 어떻게 좀 해 볼 텐데 종잡을 수 없는 감정의 널을 뛰는 중독자 옆에서 가족 역시 함께 널을 뛰듯 멀미를 한다. 그래서 가족도 편치가 않다.

하지만 가장 힘든 이는 이제 막 단주를 시작하는 중독자 자신이다. 술 없는 낯선 세상이 막막하고 버겁다. 자신을 이해해 주지 못하는 주변 사람들에게 원망하는 마음이 커질 수도, 이해할 수 없는 자신의 상태에 자책감을 키워 갈 수도 있다.

그저 앉아서 숨 쉬고 살아가는 것만으로도 벅차다. 당장이라도 포기하고 싶을 때도 부지기수이다. 술에 취해 잠들면 이 모든 고통이 금방 사라질 것도 같다.

하지만 한 번만 더 생각해 보면 분명해진다. 고통을 피하고 싶어 술에 취해 있던 과거의 시간 동안 진정으로 편안했던 적은 없었다. 아무리 고통스러워도 술을 마시지 않는 지금이 술에 취해 있던 그때보다는 훨씬 낫다. 술 없는 낯선 세상에 익숙해지는 것은 지름길도 특효약도 없이 그저 필요한 만큼의 물리적 시간을 우직하게 요구하는 과정이다.

그러기에 그저 기다리고 견뎌내는 것이 최선의 방법일 수 있다. 그리고 그 시간들은 언젠가는 지나간다. 숨을 고르면서 회복이라는 도약을 위해 준비하는 시간이다.

이럴 때 많은 사람을 안내해 본 경험 많은 가이드가 있다면 고산지대에 힘겨워하는 사람에게 음료를 마시게 한다거나, 필요한 경우 누워서 쉬게 함으로써 보다 더 원활하게 적응해 갈 수 있도록 도울 것이다. 응급상황을 대비해 산소 공급을 하는 조치도 취할 것이다.

이것이 회복 과정에서 먼저 회복 중인 선배들이나 주변 전문가의 도움을 받아야 하는 이유이다. 혼자서 버티는 것만이 능사가 아니다. 무엇보다 이러한 힘겨움과 혼란의 시간이 언젠가 지나간다는 확신을 제공하며 안정감을 주는 존재가 옆에 있는 것만으로도 훨씬 견딜 만하다.

경우에 따라, 이제 막 단주를 시작한 누군가에게 이러한 단주 초기의 힘겨움이 남의 이야기처럼 느껴질 수도 있다. 단주를 시작하면서 세상이 다 내 것 같고, 못 할 것이 없을 것 같고, 무한한 자신감과 기쁨과 감사에 휩싸여 흡사 부흥회에 참여한 믿음 깊은 신자처럼 붕 떠 있을 수도 있다. 중독으로 인한 고통이 너무나 깊었기에 자신이 술을 끊었다는 것만으로 더 이상 부러울 것이 없고, 이런 마음이라면 다시는 술 같은 것은 입에도 대지 않을 것같이 자신만만하다. 너무나 간절히 단주를 원했고 지금의 상태가 너무나 기쁘기에 재발이 끼어들 자리는 전혀 없을 것만 같다.

가족 역시 세상을 다 가진 듯 행복해하며 앞으로의 미래에 해피엔딩만이 있을 거라 노래한다. 이들은 회복 과정에서의 힘겨움을 이야기하는 선배 회복자들의 이야기를 들으면서도 자신은 그들과 다를 것이라는 생각에 우쭐해할 수도 있다.

충분히 그럴 수 있다. 그리고 그런 해피엔딩이 되기를 간절히 바란다. 하지만 만일 그런 꿈꾸는 듯했던 허니문 시기가 끝나고, 뭔지 모를 무거운 공기가 다시 집 안에 가득해진다고 하더라도 그것이 뭔가 잘못된 것이 아님을 기억하면 된다.

대부분의 사람들에게는 회복을 시작하면서의 숨 고르기가 필요하고 이 시간은 필요한 만큼의 물리적 시간이 지나가며 조금씩 괜찮아진다. 그런 시간이 왔다면 그저 그때까지 귓등으로 흘렸던 앞선 회복자들의 경험담이나 전문가의 조언에 귀를 기울이면 된다. 그리고 그들과 함께 견뎌 나가면 된다.

이제 막 병원에서 퇴원해 집으로 돌아온 40대 G씨는 집으로 돌아왔다는 기쁨도 잠시, 집 안에 있는 것이 영 불편하다. 이상하게 자꾸 가족들의 눈치를 보게 되고, 가족들이 자신을 어떻게 볼 것인가에 대해 계속 생각하게 된다. 특히, 이제 막 고등학생이 된 두 아들과의 관계에서 느껴지는 어색한 기류는 정말이지 견디기가 힘들다.

병원 생활을 통해 자신은 정말 단주를 굳게 결심하고 나왔지만, 그동안 몇 번의 재발을 경험한 가족들이 자신의 단주 결심을 믿어 줄 것인가에 대해서는 불안한 마음이 있다. 그럴수록 가족들에게 더욱 자신의 결심을 알려 주고 이번만은 실패하지 않으리라는 확신을 심어 주고 싶어 자꾸 가족들을 불러 모아 자신의 각오를 이야기하기도 했다. 가족들이 자신을 믿어 주고 응원해 주기를 바라는 마음과 함께 가족들에게 인정받고 싶은 마음도 있었다. 하지만 그의 공언을 가족들은 불안한 마음으로 듣고 있음을 G씨는 알지 못했다. 가족들 입장에서는 단주에 대한 G씨의 굳은 결심의 말을 한편으로는 믿고 싶으면서도 동시에 과연 정말일까 하는 의심도 버릴 수가 없다.

G씨의 퇴원 이후 한동안 가족 모두가 살얼음판을 걷는 분위기가 지속되었다. 마치 폭풍 전야와 같은 불안한 평온함이었다. G씨는 가족들의 눈치를 보며 가족들과 함께 하는 어색한 시간을 보냈다. 가족들 역시 G씨의 기분을 건드리지 않기 위해 서로 눈치를 보며 서로 마음 상하는 일이 생길까 봐 조심했다. 그러다 G씨가 AA모임을 가기 위해 집을 나가면 남은 가족들은 어색한 분위기에서 벗어난 안도와 동시에 과연 G씨가 술을 마시지 않고 잘 다녀올 수 있을까를 걱정하며 G씨의 귀가 때까지 신경이 곤두서 있곤 하였다. 때로 G씨가 AA모임 후에 사적인 대화 시간이라도 가지며 늦어지면, 가족들은 극도의 불안을 느끼며 전화를 걸어 G씨의 상태를 확인하고자 하였다. 이럴 때마다 자신을 믿어 주지 못하는 가족들의 모습에 G씨는 화가 나기도 하지만 그래도 술을 끊겠다는 단주의 결심이 여전히 더 앞서기에 가족들을 이해해 보려 노력했다.

가족 안에서의 이러한 어색한 공기는 아직은 계속되고 있다. 서로 불편한 마음을 감추면서 서로 아무렇지 않은 척 연기를 주고받는다. G씨는 정기적으로 AA모임을 다니며 가족 안에서 느끼는 이러한 불편함을 고백하였고, 단주만으로 쉽게 회복되지 않는 불편한 가족관계는 결국 변화를 위한 시간이 필요함을 인정하고 받아들였다. 하지만 여전히 불편한 것은 불편한 것이다.

　처음에는 술 없이 살아가는 하루하루가 그저 기쁘고 좋기만 한 것은 아니었을 것이다. 오히려 불안하고 낯설고 불편하고 힘겹기 짝이 없었을 것이다. 늘 긴장하고 조심스러운 시간이었다. 언제 다시 술병을 잡을지 자신조차 알 수 없었다. 평생을 이렇게 조심하며 치열하게 살아야 하는 건 아닐까, 평생 이렇다면 어떻게 살아갈 것인가 막막했을 수 있다. 차라리 술을 마시던 그 시간들이 더 좋았던 건 아닌가, 술 끊고 오히려 더 힘들어진 것은 아닌가 하는 불평이 생겼을 수도 있다.

　하지만 자신도 모르는 사이, 술 없는 하루하루를 견디던 단주 초기의 숨 고르기가 어느 정도 안정되고 나면, 술 없이도 그렇게까지 힘겹지만은 않은 시간이 분명히 다가온다. 가랑비에 옷 젖듯 시간과 함께 쌓인 회복의 노력은 어느 날 문득 술 없이도 예전만큼 힘들지 않은 자신을 만들어 간다.

　널을 뛰던 감정도 어느 정도 평온해지고, 어렵고 낯설기만 하던 많은 것들—사람을 만나고 대화를 나누고 사람 사는 것처럼 살아가는 모든 일—이 조금씩은 익숙해지면서 한결 편안하게 하루하루를 살고 있는 자신을 발견하게 된다.

　이전과는 다른 것들이 눈에 들어오고 귀에 들려온다. 조금씩 주변을 돌아볼 여유도 생긴다. 아주 어릴 적 기억으로만 남아 있던 햇살의 따스함과 산들바람의 상쾌함, 계절의 변화도 느껴진다. 까르르 웃는 아이들의 웃음소리도 들리고, 마주 앉은 사람들과의 편안한 대화도 즐겁게 느껴진다. 달고 짜고 쓴 음식 맛도 느껴지며 맛있는 음식을 함께 먹는 즐거움도 새롭다. 하루하루가 이 정도면 살 만하다. 이제 사람 사는 것처럼 사는 것 같다.

물론 이러한 살 만한 시간들이 항상 반갑기만 한 것은 아니다. 시도 때도 없이 감정의 널을 뛰어대던 과거에는 경험한 적 없었던 낯선 평온함이 오히려 지루함으로 느껴지기도 한다. 한숨 돌리고 난 후 천천히 둘러본 주변의 사람들은 자신을 앞질러 저만큼 앞서간 것 같아 조급함이 몰려오기도 한다. 주변에서 성공한 친구나 동창을 만나거나 하면 괜히 위축되고, 사람을 만나기 싫어지기도 한다. 그러면서 중독자들과의 만남 속에서만 안주하며 바깥세상을 기피하기도 한다. 그동안 뭐 하고 살았나 하며 자신에 대해 회의가 든다. 단주만 하면 자신을 업고 다닐 줄 알았던 가족들이 점차 자신에 대한 관심이 식어 가고 심지어 이런저런 요구가 늘어가는 모습을 보면 부아가 치밀기도 한다.

이뿐 아니라 단주 기간이 늘어나며 점차 자신이 해야 할 일들에 대한 책임도 늘어난다―당연한 것이다. 회복이란 진정한 어른이 되어 가는 것이며, 자신이 책임져야 할 것을 책임지는 일이다. 이 일들은 그 전부터 당연히 했어야 했던 것들이다. 술 마시느라 하지 못했던 것이고 술에서 벗어나느라 여력이 없어 뒷전으로 밀어 놨던 것들이다. 원래부터 자신이 책임졌어야 했던 것들이다.―이런 반복되는 일상과 책임에 대한 부담 등이 권태로 밀려오기도 한다. 술을 끊고 나면 펼쳐질 환상적인 삶에 대한 묘한 기대감 대신, 술에 가려졌던 현실을 바로 보게 되면서 오히려 허탈함을 느낄 수도 있다.

　낯선 편안함과 부담감, 허탈함으로 복잡한 이 시기를 이겨내기 위해 뭔가 특별한 것을 찾아 헤매는(취미생활에 빠지거나, AA모임에 몰두하거나, 명상 등을 통한 특별한 체험을 추구하거나) 경우도 생길 수 있다.

　하지만 이때 방향을 잘 잡아야 한다. 이 과정은 술로부터 도망치는 것에서 벗어나 진정 술에 지배되지 않는 삶으로 전환되는 지점이다. 그동안 자기 삶의 주인이었던 술로부터 진정 자유로워지면서 자신이 주인이 되어 가는 순간이다. 진정한 주인이 되는 삶이자 자유의 삶이며 성장하는 삶을 위한 터닝 포인트이다. 자신이 어떤 삶을 살고 싶은지, 어떻게 살아가야 하는지 삶의 의미와 목적을 찾아보고, 그저 술로부터 벗어나는 단주가 아닌, 한 인간으로서 성장해 가는 회복의 길을 제대로 시작할 수 있다.

　이 과정에서 AA후원자 외에 삶의 멘토로서 역할을 해 줄 수 있는 누군가가 필요하다. AA후원자가 회복의 경험을 알려 주는 사람이라면 멘토는 어떻게 살아야 하는가를 알려 주는 사람이다. 종교계의 어른이 될 수도 있고, 이 사회의 리더 역할을 하는 누군가가 될 수도 있다. 가까운 주변에서 건강하고 행복하게 자신의 삶을 살아가는 이웃이 멘토가 될 수도 있다. 저렇게 살아가고 싶다는 생각을 갖게 하는 사람, 인간의 도리를 알려 주는 사람,

세상에 기여하는 삶을 보여 주는 사람이 모두 멘토가 된다.

이들을 만나고, 이들의 이야기를 듣고, 이들의 삶의 모습을 닮아가는 것이 필요하다. 이제 용기를 가지고 더 넓은 세상에서 더 많은 사람을 만나기 위해 나아가야 한다.

30대 중반의 미혼인 H씨는 이제 막 단주 5년 차에 접어들고 있다. 젊은 시절부터 음주문제가 심각해 병원 입·퇴원도 여러 번 했고, 여러 번의 재발을 겪었다. 그러다 노숙생활까지 하게 되는 바닥을 경험한 이후에 술을 끊고 단주를 시작하였다.

단주 1년 차는 그야말로 엉망진창이었다. 자신도 이해할 수 없는 감정기복과 불쑥불쑥 덮쳐 오는 술에 대한 갈망으로 하루하루가 지뢰밭을 걷는 듯했다. 가족들과 잘 지내기 위해 몇 번 찾아가 보았지만 그 결과는 싸움으로 끝나는 경우가 대부분이었다. 자신을 믿어 주지 않고 잔소리만 해대는 부모님과의 만남은 30분의 인내 끝에 터져 나오는 짜증과 원망, 자리를 박차고 나온 뒤의 자기혐오로 마무리되곤 했다.

뭔가 일을 해 보려고 시도해 보았지만 제대로 직장생활을 해 본 적이 없기에 어떻게 해야 할지도 모른 채 몇 번의 실패만을 경험하며 H씨는 자신이 정말 구제불능인건 아닐까 하는 생각까지 했었다. 젊어서부터 술을 마셔 친구도 없었던 H씨는 그럴 때마다 필사적으로 AA모임에 매달렸고, 상담센터의 담당 사례관리자를 찾아가 하소연을 하며 언제까지 이렇게 살아야 하나며 투덜거렸다.

그러던 시간이 어느덧 3년이 지난 어느 날 H씨는 자신이 담당 사례 관리자를 찾아간 지 꽤 오랜 시간이 지났음을 발견했다. 물론 AA모임과 상담센터의 회복집단도 정기적으로 참석하고 있지만 힘들어 죽겠다는 투정은 꽤 오랫동안 없었음을 알았다. 그러고 보니 그동안 자신은 별일 없이 한결 편안하게 지내고 있었다. 그리고 알게 모르게 일상의 많은 모습들이 달라져 있었다.

요즘 H씨는 오후 시간에 아르바이트를 한다. 처음에는 제대로 된 직장을 잡고 싶었지만 아직은 시간이 필요하다는 생각에 조금씩 사회적응을 하고, 사람들 만나는 연습도 하면서 천천히 해 보려 한다. 조금씩 일에 재미가 붙고, 나이 어린 아르바이트 동료들과 가끔 따로 만나 놀기도 한다. 주말에는 성당에 가기 시작했다. 어려서부터 술을 마셔 친구가 거의 없던 H씨에게 아는 사람은 거의 회복 동료이거나 AA모임 사람들이었는데 요즘 새로운 사람들을 만나는 재미가 생겼다. 그러면서 사람 사는 모습이 참 다양하고 새롭다는 것을 새삼 느끼고 있다.

감정적으로도 많이 차분해졌고, 관계에서의 갈등이 발생하면 회복집단에서 배운 대로 갈등을 해결하기 위해 시도한다. 나름 갈등이 잘 풀려 갈 때면 그런 자신의 모습에 뿌듯하기도 하다.

가족들과는 가끔 만나고 연락한다. 아직 부모님 댁에서 하룻밤을 보내기엔 힘겹지만 같이 식사를 하는 동안에는 싸우지 않고 나름 대화도 이어 나갈 수 있다. 그러다가도 언제 안정적인 직장생활을 할 건지, 결혼은 어떻게 할 건지와 같은 이야기가 나오기 시작하면 얼른 집에서 뛰쳐나간다. 그 정도의 스트레스는 아직 견디기가 힘들다는 것을 알기 때문이다.

요즘에는 그래도 사람 사는 것처럼 좀 사는 것 같다는 생각을 한다. 그러면서 AA모임에서 단주를 시작하며 좌충우돌 힘겨워하는 이들을 보면 지난날 자신도 그랬다며, 그래도 시간이 가면서 나아진다며 그들을 다독이곤 한다.

인간은 연약하고 무력한 존재로 태어나 어른의 보호와 보살핌 속에서 어른이 되어 가기 위해 필요한 것들을 배우고 익힌다. 그리고 어른이 되면 이제는 다른 누군가에 의존하지 않고 스스로의 힘으로 자신의 삶을 살아가야 한다. 또한 한 사람의 사회 구성원으로 공동체에 기여하고 또 다른 누군가를 어른으로 키워내는 역할을 하게 된다.

회복 역시 마찬가지이다. 회복을 시작하던 초기의 모습은 어른의 보호와 보살핌을 필요로 하는 어린아이의 모습과 별반 다르지 않다. 서툴고 약하다. 하지만 언제까지나 마냥 서툴고 연약한 존재로 누군가에게 의존한 채 살아갈 수는 없다. 그러한 삶은 단주 기간과 상관없이 진정한 회복이라 할 수 없다.

아이가 태어나 진정한 어른으로 성장해 가듯, 단주가 안정되고 자신만의 삶의 의미와 목적을 찾게 되면 그렇게 선택한 자신의 길을 자신의 두 발로 걸어가게 된다. 자기 자신을 돌보고, 주변 사람을 배려하며, 사회의 구성원으로서 공동체에 기여하는 삶을 살아간다. 의롭지 않은 일에 분노할 줄 알고, 주어진 것에 감사해할 줄 알며, 생각에만 머무르지 않고 행동하는 모습을 보이기 위해 노력할 것이다.

완벽하지 않은 한 인간이기에, 자신의 모습을 끊임없이 성찰하고 다른 이와 비교하기보다는 어제의 자신보다 조금 더 나은 모습이 되고자 한다. 진정한 어른으로서 성장해 가는 것이다.

단주 10년이 된 I씨는 지금 독립해서 열심히 일하며 살아가고 있다. 큰돈은 아니지만 매달 부모님께도 용돈을 드리고 자기 생활 역시 혼자 잘 해 나가고 있다. 활기찬 모습으로 AA모임에도 빠지지 않고 참석하고 있다. 가끔 힘들 때도 있지만 대체로 마음이 편안하고, 현실을 직시하고 인정하는 것이 어느 정도 이루어지고 있다. 차분하게 자기표현도 잘 하고 문제가 생기거나 갈등이 발생했을 때 문제를 해결하고자 하는 개방적 모습을 보이고 있다. I씨를 가장 힘들게 했던 대인관계 역시 많이 나아졌다. 누군가에게서 싫은 모습을 발견하면 이를 무작정 미워하기보다는 주변의 도움을 요청하며 자신 안에서 답을 찾으려고 애쓰다 보니 이제는 밉거나 싫은 사람도 많이 사라졌다.

지금 여러 가지 상황이 안 좋아서 수입이 적지만 이 정도의 수입을 안정적으로 가질 수 있는 것에 대해 감사한 마음을 갖고 있다. 적은 수입이나마 자신이 받은 도움을 돌려주기 위해 자신이 치료받은 시설에 기부도 하고 있다. 자신이 뭔가 조금이라도 사회에 도움이 되는 사람이 된 것 같아 기부하는 돈이 전혀 아깝지 않다.

여전히 욱하는 성질에 불쑥 화를 내기도 하면서 자신이 완벽한 인간이 아님을 실감하곤 하지만 그럴 때면 그런 자신의 모습을 돌아보고, 상대에게 사과하며 다음에는 좀 더 나은 모습이기를 기도한다. 최근에는 자신을 오랫동안 괴롭히던 과거 상처를 해결하기 위해 개인상담을 받기 시작했다. 요즘에는 가끔 절을 찾아 법문을 듣거나 고즈넉한 절 주변을 산책하며 생각을 정리하기도 한다. 이런 시간들이 자신에게 얼마나 소중한 시간인지 잘 알고 있기에, 바쁘고 귀찮게 느껴질 때도 몸을 일으킨다.

가끔 예전 술 마시던 시절의 자신의 모습을 떠올리며, 지금의 자신이 얼마나 행복한가를 새삼 느끼곤 한다. 그러기에 지금도 꾸준히 모임에 참여하며 자신을 돌아보기 위해 노력하고 있다.

5. 회복 과정의 장애물

회복의 과정에는 눈에 보이는, 그리고 눈에 보이지 않는 여러 가지 어려움이 존재한다. 그중 하나는 단주와 함께 시작되는 힘겨운 장애물, 바로 금단 증상이다.

금단 증상은 오랜 시간 동안 늘 익숙했던 술기운이 몸에서 사라지면서 나타나는 반응이라 할 수 있다. 중독자의 몸은 오랜 시간 동안 술기운이 있는 상태가 정상의 상태였다. 때문에 단주를 시작하며 몸 안의 술기운이 사라지면 오히려 이를 비정상으로 인식하여 온몸에서 술을 요구하기 시작한다. 마치 일정한 때에 음식이 들어오지 않으면 '꼬르륵' 소리를 시작으로 힘이 빠지고 짜증이 솟구치는 것과 같은 것이다.

먼저 경험되는 것은 다양한 신체적 금단이다. 몸이 떨리고 편안하게 잠을 자는 것이 어려울 수 있다. 이유를 알 수 없는 온몸의 통증과 소화 불량, 미친 듯 뛰어대는 심장, 과도한 식욕 또는 음식 섭취의 어려움, 설사와 진땀 등 온갖 불편하고 고통스러운 증상들이 나타난다. 때로 앉아 있는 것조차 쉽지 않을 정도로 힘겹고 불편한 몸뚱이는 흠뻑 젖은 솜이불처럼 차라리 벗어던지고 싶을 때도 있다.

하지만 이러한 신체적 금단은 겉으로 드러나고 눈에 띄기에 차라리 낫다. 심리적 금단은 은밀하지만 더욱 사람을 미치게 만든다. 우울과 불안은 단주와 함께 나타나 오랫동안 이어지기도 한다. 이유도 알 수 없는 초조함에 안절부절못하며 식은땀을 흘리는 것은 눈 뜨고 있는 하루 종일 이어진다. 이유도 없고, 대상도 없는 감정들이 불쑥불쑥 휘젓고 다닌다. 때로는 손끝 하나 까딱할 기운도 없이 끝없는 무기력에 빠져 있기도 하다.

심한 경우 이상한 것이 보이고, 이상한 소리도 들려 정말 자신이 미쳐 가는 것은 아닌지 공포에 휩싸이기도 한다. 온몸을 기어다니는 벌레를 잡느라 상처투성이가 되기도 한다. 경련이나 발작으로 말 그대로 생명의 위협을 느끼기도 한다.

더 오랫동안, 더 많은 술에 익숙해진 몸일수록 더욱 격렬한 금단 증상으로 술을 부른다. 이 시간을 넘기면 괜찮아진다는 말도 들리지 않고, 위로나 조언도 짜증스럽기만 하다. 이 모든 것이 술로 인한 것이라고 하지만 금단 증상의 고통 속에 있는 지금은 그저 술 한 잔이면 이 모든 증상이 씻은 듯 사라질 것 같다. 그러기에 금단 증상은 단주 초기 그 무엇보다 위험한 음주의 유혹이 된다.

망가진 몸

금단 증상이 아니어도 중독은 다양한 신체적 손상을 남긴다. 술은 말 그대로 머리끝에서 발끝까지 온 몸을 망가뜨린다. 음주 당시에는 마취제 역할을 하는 술기운에 취해, 망가진 몸이 보내는 신호를 무시할 수 있었다. 하지만 술을 끊고 알코올의 마취 기능이 사라지고 나면 온 몸은 그동안의 손상을 다양한 신호로 표현한다. 그동안 온몸에 술을 들이부음으로써 얼마나 자기 몸을 학대했었는지 샅샅이 알려 주려는 것 같다. 여기에 더해 단주 초기에는 술 없이 살아가는 자체가 커다란 스트레스이기에, 정신적 스트레스가 다양한 몸의 증상으로 나타나는 신체화 증상을 겪기도 한다.

온몸이 아프다. 간이며 위, 장 등 술에 오랫동안 노출된 장기들은 툭하면 탈이 난다. 술에 취해 제대로 씻지도 못했던 치아는 어느새 다 망가져 치과를 제집처럼 드나들 수도 있다. 온몸의 뼈란 뼈는 다 삭아버린 듯 고관절이 아프기도 하고, 허리도 시원찮다. 제대로 챙겨 먹지 않고 술만 마신 탓에 특별한 지병이 없더라도 기운 하나 쓰지 못하는 허깨비가 되기도 한다. 술기운을 빌려 힘을 쓰던 사람이 술을 끊으면서 갑자기 급격히 늙어 가는 것처럼 보이기도 한다.

여기저기 불편함을 호소하는 몸은 단주 이후 뭐든 해 보려고 하는 시도에 걸림돌이 될 수 있다. 적절한 자기 역할을 해 가는 데 어려움이 발생하기도 하고, 단주의 기쁨을 상쇄시키기도 한다. 무엇보다 몸 아픈 것은 그 자체로 스트레스가 되고, 컨디션이 좋지 않을 때의 힘겨움과 무기력은 재발 위험을 높일 수 있다. 이 모든 것이 그동안 술에 의지한 선택에 의한 결과임을 받아들이고자 하지만 순간순간 짜증이 솟구치는 건 어쩔 수 없다.

감정처리의 미숙함

출처: 문경회복센터 홈페이지.

알코올 중독은 감정의 병이라고 말할 수 있습니다. 중독의 과정에서 이들은 화가 나거나 우울하거나 기분이 좋거나 슬퍼도 술을 마십니다. 그 외에도 창피함, 외로움, 짜증, 원한, 죄책감, 등 모든 감정을 술로 해결합니다.

중독은 감정의 질병이다. 많은 경우 중독자는 몸의 상태보다 감정 다루기를 더 어려워한다. 가족과 함께 하는 시간이나 직장생활에서도 중독자는 감정적인 문제로 힘든 경우가 훨씬 많다. 무시당한다는 생각에 화가 나기도 하고, 열심히 했음에도 알아주지 않는다는 억울함과 초라한 자신에 대한 수치심 등 다양한 감정들로 인해 사람들과의 관계나 사회생활이 어려워진다. 때문에 사람들의 눈에 중독자는 예민한 사람, 툭하면 욱하는 사람으로 보인다.

중독자는 이렇듯 예민하고 다양한 감정이 요동치면서도 동시에 정확하게 자신이 느끼는 감정이 무엇인지 알지 못하는 모순적인 모습을 보인다. 온갖 감정이 들끓는 와중에도 이를 적절하게 느끼거나 표현하지 못한다. 자신이 화가 나는 것인지, 술을 먹고 싶은 것인지도 구분하지 못한다. 웃고 있지만 자신이 정말 기분이 좋은 것인지 판단하지 못한다. 멋쩍은 마음이나 당황스러운 마음, 비굴한 마음 등을 웃음으로 감추고 있을 수도 있다. 상처 받은 마음이나 미안함을 분노로 표현하기도 한다. 이럴 때의 웃음이나 분노는 감정의 표현이라기보다는 오히려 자신의 감정을 감추는 역할을 한다. 정직하지 못한 감정이다. 그래서 늘 술에 취해 감정을 자기 마음대로 다 풀어내는 것처럼 보이는 중독자에게도 억압되고 숨겨진 감정이 많다. 그리고 억압되고 숨겨져 쌓인 감정은 중독을 부채질하는 증폭제가 된다.

감춰지고 억눌린 감정은 처음의 그 모양에서 변형되어 시간이 가면 정작 감정의 주인조차 원래의 모양이 어떠했는지 모를 지경이 된다. 그 감정은 원래의 감정과는 전혀 다른 탈을 쓰고 불쑥불쑥 터져 나온다. 그래서 감정은 종잡을 수 없고, 대처할 수 없다. 주변 사람들이 중독자의 비위를 맞출 수가 없다고 느끼는 이유가 여기에 있다. 더구나 많은 경우 이러한 감정은 마치 갑자기 터지는 풍선처럼 폭발한다. "내가 그 말을 들으니 기분이 언짢고 화가 난다"라는 감정의 '표현'이 아닌, 소리를 지르거나 물건을 집어 던지는 식의 감정의 '폭발'이다. 왜 그러는지, 어떻게 해야 해결되는지 자신도, 상대도 알 수 없는 그저 폭발이다. 이러한 감정의 폭발은 중독자를 고립으로 이끄는 것은 물론, 중독자 자신과 주변 사람들에게도 상처를 주며 또 다른 감정이 쌓이게 한다.

　단주를 하면서 그동안 적절하게 표현되거나 해소되지 못했던 감정들이 서서히 드러난다. 그동안 술 때문이라고만 생각했던 감정의 요동은 술을 끊어도 여전히 남아 있다. 그리고 이는 가족이나 주변 사람들 역시 마찬가지이다. 하지만 단주 초기, 이러한 감정들은 또 다른 이유로 여전히 억압되고 감추어진다. 단주를 시작하면서 중독자는 여러 감정의 동요에도 불구하고 그동안에 대한 미안함으로 쉽게 부정적 감정을 표현하지 못한다. 가족이나 주변 사람들 역시 중독자가 다시 술을 마시게 되는 상황을 염려하여 자신의 감정을 쉽게 드러낼 수 없다. 모두 아무렇지 않은 척 입을 다문다. 하지만 이렇게 억압된 감정들은 왠지 모를 불편함과 부자연스러움을 가져오고, 관계의 삐걱거림을 만든다.

　회복을 하면서 중독자와 가족 모두 서로에게 자신의 감정을 털어놓고 싶다. 자신이 얼마나 상처 받았는지, 얼마나 억울했는지, 얼마나 서운하고 외로웠는지 이야기하고 싶다. 특히 다른 누구보다 그 감정의 원인을 제공했다고 여겨지는 서로에게 그 감정을 이해받고 싶다. 그래서 자신의 마음을 알아 달라며 감정을 드러내지만, 미숙한 대화의 기술과 감당할 수 없을 만큼 쌓여 있던 감정의 범람으로 인해 갈등으로 이어지는 경우가 더 많다. 그리고 이는 다시 침묵으로 마무리되며 억압과 폭발의 악순환을 반복하기도 한다.

손상된 몸보다 더 아픈 것은 손상된 마음이다. 특히, 술을 끊는다 해도 쉽게 회복되지 않는 열등감은 불안과 두려움으로 스스로를 갉아먹고 관계를 망가뜨리며, 피해의식을 만들어 낸다.

열등감은 중독에 이르는 지름길이자, 중독의 과정에서 더욱 강화되는 감정이다. 중독자는 아무리 성공하고 돈이 많아도, 많이 배웠거나 재능을 가졌어도 스스로를 다른 사람보다 나은 사람이라거나 가치 있는 사람이라고 생각하지 못한다. 교만할 수는 있어도 자부심을 가지지 못한다. 자신뿐 아니라 부모나 자녀 등 자신의 가족에 대해서도 죄책감은 있을지언정 이들을 자랑스럽게 여기지는 못한다. 자신과 관련된 모든 것이 하찮게 보일 뿐이다.

이러한 열등감은 단주를 시작하고 자신의 실체와 현실을 직시하면서 오히려 더 예민하게 감지될 수 있다. 술의 힘을 빌려 잊어버리고 싶었고 감추고 싶었던 자신의 부끄러운 모습이 있는 그대로 드러나는 것만 같다. 이는 견디기 어려운 불안과 두려움으로 다가온다.

이들이 가진 불안과 두려움의 실체는 열등하고 부족한 자신, 수치스러운 자신의 모습이 있는 그대로 드러나는 상황에 대한 불안이다. 이들에게는 자기 자신 자체가 그저 수치스러운 존재이다. 누군가가 있는 그대로의 자기 모습을 알게 되지 않을까 두렵다. 그래서 이런 자신의 모습을 들키지 않기 위해 감추고 포장하려 전전긍긍한다. 술은 이러한 자신의 수치스러운 모습을 잊게 해 주고, 눈에 띄지 않게 해 주던 좋은 도구였다.

출처: 문경회복센터 홈페이지.

알코올 중독자들은 때때로 마음속에서 부글부글 끓어올라 터지려는 분노를 경험하므로 웃다가도 사소한 말 한마디에 심하게 화를 내며 원한을 가지기도 합니다.

때로 이들의 과도한 두려움은 과잉 방어인 공격으로 나타난다. 그래서 이들의 모습은 공격적으로 보이기도 한다. 무슨 말을 해야 할지 몰라서 무뚝뚝하게 있는 모습 역시 두려움의 표현이다. 잘 해야 한다는 중압감과 잘 해내지 못할 것이라는 두려움, 그리고 무엇을 어떻게 해야 할지 알지 못하는 불안감은 오히려 말문을 막는다.

이러한 이들의 위축되고 조심스러운 행동이, 때로는 방어적이고 공격적인 모습이 상대의 입장에서는 거만한 사람처럼 느껴지거나, 다른 사람을 거부하고 무시하는 것처럼 보이기도 한다. 이러한 모습은 술을 마실 때는 물론, 단주를 시작한 후에도 쉽게 바뀌지 않는다. 그리고 이는 인간관계의 어려움으로 이어지곤 한다.

40대 초반의 F씨는 이제 막 단주를 시작한 지 5개월 정도 되어 가고 있다. 술로 인해 남편과도 이혼하였고, 몇 번의 병원생활 이후 단주를 시작하게 되었다.

수시로 솟구치는 짜증과 이유를 알 수 없는 불안 속에서 술 없이 보내는 하루하루를 버텨 가고 있다. AA모임을 나가면 자신을 바라보는 멤버들의 눈빛이 여자가 술을 마셨다고 무시하는 것은 아닌지, 이혼했다고 업신여기는 것은 아닌지, 이상하게 보는 것은 아닌지 피해의식이 발동한다. 남들에게 나이 들고 초라한 모습으로 보이기 싫어 모임에 나갈 때마다 짙은 화장과 향수로 외모를 가꾸지만, 다른 한편으로는 혼자 사는 여자라고 쉽게 볼까 봐 경계의 마음도 동시에 든다.

사람들의 시선을 과도하게 의식하며 예민하게 반응하는 자신 때문에 힘겨워하는 주변 사람들에게 미안하기도 하지만 동시에 자신을 이해해 주지 못하는 그들이 괜히 원망스러워 가시 돋친 말을 내뱉고는 금세 후회하곤 한다. 그러면서 그들이 화를 내며 자신을 떠나 버릴까 두려워 비굴하고 과도한 친절을 보이기도 한다. 그리고 나면 다시 밀려오는 자기혐오로 힘겹다. 이렇게 종잡을 수 없는 자신의 감정과 행동이 스스로도 이해되지 않아 더 지칠 뿐이었다.

무엇보다 단주 후 더욱 심해진 섭식장애로 다른 사람들과 식사를 함께 하는 것조차 힘겨워지면서 F씨의 예민함은 극에 달했다. 다른 사람들에게 잘 보이고 싶고, 외모에 집착하면서 먹는 것을 멀리하게 되고, 이렇게 잘 안 먹다가 먹게 되면 바로 구토로 이어졌다. 불안이 심해지면 더 토하게 되고, 더 먹는 것이 힘들어지면서 F씨는 주변 사람들이 걱정 할 정도로 살이 빠져 갔다. 단주 이전에도 식사를 하지 못해 죽을 지경이 되면 술을 먹고서라도 식사를 하는 경우가 있었던 F씨는 재발을 염려해야 하는 상황까지 되었다.

어느 날 이런 자신의 모습을 자신의 후원자인 또 다른 여성회복자에게 고백하였고, 그녀 역시 섭식장애를 비롯해 F씨와 비슷한 과정을 겪었음을 이야기해 주어 마음이 조금은 편안해졌다. 회복의 과정에서 경험할 수 있는 다양한 사례들을 들으며, 조금씩 자신의 모습이 이해되기 시작했다. 무엇보다 시간이 가면서 조금씩 나아질 수 있다는 후원자의 말이 힘이 되었고, 그 말처럼 지금은 여유롭고 당당해 보이는 후원자의 모습에서 희망을 찾았다.

단주의 와중에 불쑥 불쑥 솟구치는 분노와 짜증, 원망과 억울함의 밑에 자리 잡고 있는 것은 대개 여러 가지 왜곡된 사고와 피해의식이다.

출처: 문경회복센터 홈페이지.

중독자는 자기 자신이 매우 불쌍하다고 생각합니다.
"세상이 너무 불공평해", "왜 하필 나야!" 등 자기연민에 빠지게 됩니다.

중독자의 자기중심성과 완벽주의, 예민함은 모든 상황에서 자신이 남들보다 훨씬 힘들다고 주관적으로 느끼게 한다. 이들이 가진 스트레스 센서는 남들보다 훨씬 민감하고 쉽게 경보음이 울린다. 그래서 이들은 특별한 일이 없어도 하루하루 사는 것 자체가 힘들다. 특히, 단주를 시작한 상황에서는 술 없이 보내는 시간이 너무나 버겁고 모든 게 스트레스로 다가온다.

하지만 이러한 힘겨움을 중독자 자신의 예민함 때문이라 생각하지 않고 다른 이유에서 찾는 경우가 있다. 원래 자신이 힘겨움을 잘 느끼는 사람이어서가 아니라, 자신이 다른 사람들보다 훨씬 힘들게, 열심히 노력하고 있기 때문이라고, 그리고 그럼에도 불구하고 너무나 불공평하고 억울하게도 남들보다 인정받지 못하기 때문이라고 착각한다. 그래서 이들은 세상과 사람들이 원망스럽고 자기 스스로를 불쌍하다 느끼는 자기연민에 쉽게 빠진다.

자신이 다른 누구보다 '열심히' 살아가고 있다고 생각하는 내면에는 중독자의 완벽주의가 존재한다. 완벽주의를 가진 경우, 이들은 실제로 일을 완벽하게 한다기보다는 완벽하게 하려는 생각으로 자신을 힘겹게 한다. 게다가 이제 술도 끊었으니 더 잘해야 한다는 과도한 의욕으로 가득 차 있다. 중독자가 역량이 떨어지는 것은 아니지만 일을 완벽하게 해야 한다는 이러한 강박으로 인해 오히려 일의 능률이 오르지 않고, 좋은 결과가 나오지 않는 경우가 많다.

중독자는 누구보다 애써 열심히 했음에도 뭔가 긍정적인 보상이나 결과물로 되돌아오지 않는다는 생각에 불공평함과 허탈함을 느낀다. 이들은 혼자서 힘겨워 하는 것과 열심히 일을 잘 해내는 것이 성과를 내고 인정받는 것과 다름을 알지 못한다. 그리고는 생각한다. '나는 열심히 하고 있기에 좋은 결과를 얻고 인정을 받는 것은 당연하다. 저들은 나를 인정하고 칭찬해야 마땅하다.'

중독자의 이러한 바람은 원하는 만큼의 보상이나 주변의 인정으로 충족되지 못하는 경우가 많다. 만족할 만큼의 칭찬이나 인정이 돌아오지 않는다. 때문에 이들은 자신이 이렇게 힘들게 단주를 하고, 최선을 다해 그 누구보다 열심히 살고 있음에도, 왠지 가족이나 주변에서 이러한 노력과 애씀을 알아주지 않는다고 생각한다. 자기만 힘들고 어려운 것 같고, 이렇게 치열하게 노력하고 있는데 세상은 아무도 자신을 알아주지 않는 것만 같다. 다른 사람들은 별로 힘들이지 않고도 잘 살아가는 것 같은데, 자신은 이렇게 힘들게 애쓰는데도 뒤처져 있어 부당하다는 억울함이 몰려온다. 이들에게는 자신이 술에 빠져 있던 시간 동안 열심히 살아왔던 주변 사람들의 시간과 노고에 생각이 미칠 만큼의 여유가 없다.

이럴 때 가장 먼저 드는 생각은 '내가 중독자라고 무시하나?'이다. '왜 난 도와주는 사람이 없을까', ' 난 왜 이렇게 되는 일이 하나도 없을까', '내가 더 열심히 하고, 내가 더 제대로 하는데 왜 저 사람은 저렇게 잘되고 나는 왜 이 모양일까'와 같은 생각들도 오간다. 그래서 이들은 화가 난다. 우울과 시기, 질투, 절망이 솟구친다. 너무나 억울해서 '이렇게 힘들게 단주하고 열심히 살아갈 필요가 있을까?'라는 생각까지 뻗어 나가기도 한다. 불평불만에 가득 차 직장을 옮기거나 주변 사람들이나 가족과 갈등을 빚기도 한다. 술만 마시지 않을 뿐, 여전히 세상을 원망하고 사람들을 미워하며, 자신을 불쌍한 존재로 만들어 버리는 술 마시던 시절의 모습 그대로이다.

단주 3년 차에 접어드는 40대 초반의 J씨는 학창시절 공부도 곧잘 했고, 괜찮은 대학을 나와 남들이 부러워하는 직장에 취직도 했다. 하지만 술과 함께 보낸 30대는 J씨에게 이혼과 실직을 남겼다. 지금은 다시 단주를 시작하며 조그마한 중소기업에서 새롭게 일을 시작하고 있었다. 처음에는 의욕적으로 일을 했지만, 최근 들어 AA모임에 오면 직장에 대한 불평을 토로하거나 주변의 지인들에게 신세한탄을 하는 일이 많다.

J씨의 동네 친구인 길동 씨는 학창 시절 J씨보다 성적도 좋지 못했고, J씨가 대학에 갈 때 인테리어 기술을 배워 바로 일을 시작했다. 성실하고 꼼꼼하게 일을 잘한다는 소문이 났고, 지금은 자신의 인테리어 업체를 경영하며 지역에서 제법 알려진 전문가가 되었다. 이혼 후 다시 부모님 집으로 들어간 탓에 간혹 동네에서 마주치는 J씨를 보며 길동 씨는 반가워했지만, J씨는 학창 시절 자신보다 공부도 잘하지 못 했고, 좋은 직장도 갖지 못했던 길동 씨가 번듯한 아파트에 좋은 차를 타고 다니는 모습을 보며 질투가 나고 자신의 모습이 한심하게만 느껴져 기분이 좋지 않았다. 요즘 사람들이 인테리어에 관심이 많은 시기라 길동 씨가 재수가 좋아 조금 잘 나가고 있는 것이라 자기위안을 하기도 했다. 그러면서도 과거 술을 마시긴 해도 회사를 위해 그렇게 열심히 일했는데 자신을 냉정하게 해고해 버린 회사가 더욱더 원망스러웠다. 그 당시 하필이면 안 좋은 경기 탓에 회사에서 구조조정을 한 것이 불운이었다고, 자기는 재수가 너무 없었을 뿐이었다고 원망을 했다.

자신도 빨리 집도 사고, 차도 사고 길동 씨에게 자기가 어떤 사람인지 보여 줘야 한다는 생각에 J씨는 마음이 조급해졌다. 하지만 단주를 하며 새로 들어간 지금의 직장은 너무 작고 비전이 보이지 않아 성에 차지 않는다. 게다가 자신보다 한참 나이 어린 팀장에게 이래라저래라 하는 소리를 듣는 것도 지긋지긋하다. 팀장이 기술도 좋고, 이 회사에서 오래 일한 전문가라고는 하지만, 그래도 자기가 좋은 대학도 나오고, 대기업 생활도 해 본 사람이라 팀장보다는 나을 거라 생각했다. 게다가 자신만큼 열심히 일하는 사람이 없는데 아무도 이를 알아 주지 않아 원망스럽고 답답할 뿐이었다. 아무래도 팀장이 자신이 인정받고 승승장구하게 될까 봐 은근히 방해를 하는 건 아닐까 의심스럽기도 했다. 이런 마음은 팀장에 대한 퉁명스럽고 삐딱한 태도로 드러나곤 했고, 결국 오늘 아침에 팀장과 한판 붙고는 회사를 때려치우고 말았다. 자기가 들어가는 직장은 왜 다 이 모양인지 모르겠다는 악다구니가 솟구쳤다.

술도 끊고 살아 보려고 애를 쓰는데, 술 좀 먹었다고 이렇게 자신을 무시하고 홀대하는 세상에 욕만 나왔다. 누구는 쉽게 쉽게 잘만 풀려 가고, 대우 받으며 잘 사는 것 같은데 자기는 아무리 애를 써도 일이 풀리지 않는다는 원망이 가득하다. 정말 술 좀 끊어 보려 하는데 세상이 도와주지 않는다는 생각뿐이다.

가족의 지지와 친구, 이웃, 동료 등으로부터 받는 사회적 지지는 중독으로부터의 회복 과정에서 큰 힘이 된다. 인간관계가 좋다면 더 많은 사회적 지지를 받을 가능성이 크고, 회복에 도움이 될 것이다.

하지만 중독자는 인간관계에서 어려움을 가지는 경우가 많다. 인간관계의 미숙함에서 오는 외로움은 술을 마실 때의 좋은 핑계이기도 했지만, 술을 끊고 난 이후에도 인간관계의 미숙함은 쉽게 개선되지 않고 여전히 버거운 문제로 남아 있다. 앞에서 이야기한 피해의식과 왜곡된 사고, 열등의식 등도 특히 인간관계의

출처: 문경회복센터 홈페이지.

중독자는 매우 방어적이고 민감해서 다른 사람의 충고나 비판을 받아들이지 못하고, 타인의 감정에 대해 배려하는 능력이 부족합니다.

어려움으로 이어지는 경우가 많다. 그리고 이로 인한 인간관계의 문제와 갈등은 회복의 과정에서 큰 어려움으로 작용하게 된다.

인간관계의 어려움은 가까운 가족과의 관계에서 가장 많이 드러나고 경험된다. 술을 끊은 중독자는 가족이 그토록 원하던 그 어려운 단주를 했기에 가족이 자신을 환영하고 사랑해 줄 것이며, 가족과의 관계가 술을 마시던 이전과는 완전히 달라지리라 기대한다. 하지만 생각과 달리 가족과의 관계는 단번에 크게 나아지지 않는다. 술을 마셔 온 오랜 시간 가족들과 주고받은 상처와 감정의 앙금은 쉽게 사라지지 않는다. 오래 묵은 상처와 앙금을 해결하려면 충분한 시간뿐만 아니라 의사소통이나 갈등해결 등의 인간관계 기술이 꼭 필요하지만 중독자와 가족들은 여전히 미숙한 상태인 경우가 많다.

직장에서의 인간관계 역시 만만치 않다. 중독자는 역량이 있고, 일을 꼼꼼하게 처리하기에 대부분 처음에는 업무적인 면으로 인정받는다. 그런데 시간이 지나면서 일 자체보다는 직장동료나 상사 등 주변 사람들과의 관계에 문제가 생겨서 일을 그만두는 경우가 많다. 직장생활의 가장 큰 장애가 인간관계에서의 어려움이다. 중독자는 직장에서 인간관계로 인해 곤란한 상황들을 맞닥뜨리면서도 이를 어떻게 대처하고 풀어 나가야 하는지 잘 알지 못한다.

이외에도 술을 끊었음에도 여전히 예전 과거의 방식으로 자신을 바라보고 대하는 친척들, 예전에 함께 술 마시던 친구들 역시 어려운 관계로 다가온다. 뿐만 아니라 술을 마시지 않고 살아가는 평범한 보통 사람들과 관계를 맺어 가는 것 역시 중독자에게는 낯설고 어려운 과제가 된다.

중독자의 열등감이나 피해의식, 죄책감, 수치심 등의 감정은 사람들에게 편안하게 다가가고 관계를 유지해 가는 것을 어렵게 만든다. 이들은 왜곡되거나 경직된 생각이 많고, 한 번의 경험이 전부인 것처럼 우기거나, 잘못 보고 잘못 기억하는 경우도 많다. 때때로 과거 경험에 바탕을 둔 왜곡된 판단을 현재에 그대로 적용하면서 고집을 부리기도 한다.

무엇보다 인간관계에서 어려움이 생기는 가장 큰 이유는 진실하지 않기 때문이다. 인간관계의 첫 번째는 진실함이다. 있는 그대로의 자기 모습을 보여 주는 것이고, 상대 역시 있는 그대로 바라봐 주는 것이다. 하지만 왜곡된 사고와 부정적 감정은 중독자가 있는 그대로의 모습으로 진실한 관계를 맺지 못하도록 방해한다. 상대가 자신을 어떻게 볼 것인가 의식하면서 자기도 모르게 거짓을 만든다. 자신을 과대 포장하거나 과소 포장하기도 하고, 상대의 비위에 맞추어 자신을 연기하면서 있는 그대로의 자기 모습을 감춘다. 상대방에게도 자신이 원하는 어떤 모습을 기대하며 그렇기 못한 경우 화를 내거나 상처를 받곤 한다. 때문에 진짜 '너'와 '나'의 진실한 관계가 이루어지기 어렵다.

미숙함에서 오는 좌절

회복 중인 중독자의 미숙함은 인간관계에서만 드러나는 것이 아닙니다. 사회적 역할을 하는 데 필요한 다양한 사회기술, 스트레스와 갈등에 건강하게 대처하는 능력, 문제 상황에서의 문제해결 능력 등 다양한 면에서 미숙함이 드러난다.

중독자는 능숙한 삶의 기술을 가졌지만 술 때문에 충분히 기능하지 못했던 것이 아니라, 자신의 미숙함을 술로 감춰 왔던 이들이다. 그렇기에 술을 끊은 지금 술의 도움 없이 직면해야 하는 다양한 삶의 상황들이 처음인 듯 새롭고 서툴다. 스트레스가 쌓이면 술 없이 어떻게 풀어야 할지 방법을 알지 못한다. 싫은 소리를 하거나 뭔가 자기주장을 해야 하는데 맨 정신에 하기에 두려움이 앞선다. 슬픔에 빠진 누군가를 위로하거나 자신의 마음을 몰라 주는 누군가에게 마음을 표현하기 어색해 술을 찾게 된다.

누구나 때로는 회피하거나 잘못된 대처를 하기도 하지만 대부분의 사람들은 삶의 과정에서 다양한 도전과 문제에 애써 왔고, 그 과정에서 조금씩 단단해지고 노련해졌다. 그렇게 어른스러운 어른이 되어 왔다. 어른이 된다는 것은 단순히 지나간 시간의 결과이기보다는 나이를 먹어 가는 동안의 도전과 배움, 경험의 결과이다.

중독자 역시 겉으로 보면 누가 봐도 이 정도는 감당할 수 있는 어른으로 보이기에, 그리고 술도 끊었기에, 충분히 할 수 있으리라 생각하고 기대한다. 하지만 술에 빠져 있던 시간은 도전과 배움, 경험의 기회를 앗아갔다. 술에 취해 있는 시간 동안 제대로 된 연습 없이 이런 상황들을 피해만 왔기에 이들은 여전히 서툴고 자신과 주변의 기대에 부응하지 못한다.

외양만 어른인 미숙한 중독자에게 밀려오는 도전과 문제는 감당하기 어렵다. 그래서 어른이고 싶은데 어른스럽지 못한 자신에게 좌절하고, 어른 대접해 주지 않는 주변의 반응에 당황스럽고 수치스럽다.

하지만 방법이 없다. 더 이상 술 뒤에 숨거나 술 핑계를 댈 수 없다. 자신의 미숙함을 확인하고 싶지 않아 아무것도 하지 않고 가만히 그 자리에 주저앉아 있다면 그 자리에서 성장은 멈춰 버린다. 그리고 영원히 미숙한, 그저 숨이 쉬어지기에 사는 삶으로 전락한다. 미숙함을 핑계로 또 다른 무언가 또는 누군가에게 의지한다면 새로운 중독의 노예일 뿐이다. 당장의 불편함을 피하기 위해 또다시 술의 힘을 빌린다면 우리 모두가 이미 알고 있는 엄청난 대가를 한 번 더 치러야 할 것이다.

사라진 자리, 사라진 존재감

중독의 진행 과정에서 중독자들은 자신의 자리를 점차 잃는다. 어린 나이부터 중독의 문제를 가졌다면, 살면서 한 번도 제대로 된 자신의 자리를 가져 보지 못했을 수도 있다.

하지만 이는 누가 뺏은 것이 아니다. 자기 스스로 놓아 버린 것이고, 쥐여 줘도 잡지 못했던 것이다. 그렇게 잃어버린 자리는 가족 구성원으로서의 역할―아들이나 딸, 엄마나 아빠 등―일 수도 있고, 사회 구성원으로서의 역할―학생, 직장인 등―일 수도 있다.

술을 끊는다고 해서 이러한 자리는 쉽게 금방 돌아오지 않는다. 술과 함께 흘러간 시간은 학력이든 직업 경력이든, 집에서의 역할이든 그 무엇도 남겨 놓지 않은 채 나이만 먹게 했거나, 오히려 술 취한 시간의 행적들로 돌이킬 수 없는 낙인을 갖게 했을 수도 있다. 숱한 기대와 실망에 더 이상의 희망을 갖지 못하는 가족들은 쉽게 곁을 내주지 않고 거리를 둘 수 있다. 때로는 재발이 일어나지 않기를 간절히 바라는 가족들의 과잉보호로 오히려 손발이 묶인 듯 언제 깨질지 모르는 유리 인형과 같은 존재로 남겨지기도 한다.

누군가에게 자신을 소개할 때 자신을 무엇이라 해야 할지 알지 못할 때의 무안함, 아침에 일어나 각자 자신이 가야 할 곳으로

흩어지는 가족들의 뒷모습을 보며 우두커니 남아 있어야 하는 무력함은 자신에 대한 비하나 무가치감으로 연결되기도 한다. 술을 마실 때는 부정적 존재감일지언정 분명한 존재감이 있었지만, 술을 끊은 지금 오히려 투명인간이 된 것만 같다.

아무도 자신을 필요로 하지 않는 것만 같은 자격지심은 스스로를 점점 더 위축되게 한다. 가족 안으로, 세상 속으로 끼어 들어가지 못하고 스스로를 소외시킨다. 때로 누군가가 자리를 만들어 놓고, 자기를 불러 앉혀 주기만을 기다리기도 한다. 곁을 내어 주지 않는 가족이나 세상을 원망하기도 한다.

하지만 자기 자리는 스스로가 만들고 지켜 가는 것이다. 그 어디에도 당연하게 언제든 앉을 수 있는 자리는 없다.

50대 중반인 K씨의 아내는 생활력이 강하다. 결혼 전부터 술만 마시며 한량처럼 살던 K씨를 염려한 부모님들이 야무지고 당찬 아내와의 결혼을 서둘러 시켰고, 아내는 직장생활 한번 제대로 해 보지 않은 K씨와 함께 살며 평생 생계와 자녀 양육, 집안일까지 모든 것을 도맡아 왔다.

K씨가 심각한 건강 문제로 단주를 시작한지 5년이 넘어가지만 K씨의 아내는 남편에게 아무것도 바라지 않는다. 그저 술 안 마시고 조용히 지내면 그것으로 만족할 뿐이다. 남들처럼 돈을 벌어오라고도 안하고 아버지 노릇을 하라고도 하지 않는다. 자신이 모든 것을 알아서

처리할 뿐이다. 뭐라도 돕고 싶은 마음에 설거지라도 하지만 아내는 K씨가 뭘 하든 마뜩잖은 눈빛으로 그저 내버려 둘 뿐이다. 그러고는 설거지를 마치고 내심 뿌듯하게 아내를 바라보는 K씨 앞에서 미처 정리가 덜 된 그릇을 행주로 닦아 빈틈없이 정리하곤 했다. 결혼을 앞둔 딸의 일에 관심이라도 가지면 알아서 할 테니 걱정 말라며 대꾸할 뿐이다.

오늘도 아침 일찍 인사도 없이 나가는 남매와 아무 말 없이 상을 차려 놓고 나가 버리는 아내의 뒷모습을 보며 K씨는 자신이 집구석에 놓인 빗자루 같다고 생각했다. 뭘 해야 할지, 뭘 할 수 있을지 알 수 없어 그저 오늘도 무료한 하루를 보내고 있을 뿐이다. 남들은 팔자 편하다고 부러워하기도 하지만 K씨는 자기 자신이 한심한 존재처럼 느껴져 서글프다.

단주가 시작되면서 중독자의 마음은 너무나 바빠진다. 술에 취하지 않은 맑은 정신으로 둘러본 세상은 중독자만 여기에 놔둔 채 저만치 달아나 앞서 나가고 있다. 세상과 사람들은 모두 앞으로 나아갔는데 그동안 술과 함께 나이만 먹은 자신은 오히려 뒤로 한참 물러나 있다. 중독자가 술에 취해 뒤로 미뤄 놓았던 삶의 과업들이 단주를 시작한 지금 여전히 미완의 숙제로 남아 있다. 마치 개학 전날, 못 다한 채 쌓여 있는 방학 숙제를 보는 기분이다. 남들처럼 되기 위해서는 해결해야 할 것들이 너무 많다.

빨리 따라잡아야 한다는, 그리고 더 나아가 남들보다 앞서가야 한다는 욕심과 조급함이 몰려온다. 이런 경우 가장 많이 나타나는 모습은 얼른 일자리를 구하고 돈을 벌고자 하는 것이다. 빨리 돈을 벌어야 한다는 생각에 분주하다. 돈을 벌면 당당하고 떳떳하게 인정받을 수 있으리라 생각한다.

그동안 술 때문에 그랬지 자기가 한번 하면 누구보다 잘 할 수 있으리라는 막연한 자신감도 있다. 이들에게는 먼저 회복에 집중하라는, 천천히 가자는 주변의 조언도 현실을 모르는 한가한 이들의 뜬구름 잡는 말처럼 들릴 뿐이다. 그래서 이들은 여전히 많이 미숙하고 서툴러서 넘어질 듯 휘청거리면서도 속도를 줄이지 않고 내달린다.

이러한 욕심과 조급함은 가족 역시 마찬가지이다. 가족의 욕심과 조급함은 중독자에 대한 과도한 기대와 독촉으로 나타난다. 가족의 눈에 술을 끊은 중독자는 이제 더 이상 '아무 문제없는 멀쩡한' 사람이기에 그렇게 '남들처럼' 살아 줄 것을 기대한다. 한동안은 중독자의 단주 그 자체로 만족하지만, 어느 순간부터 중독자가 '남들처럼 멀쩡한' 모습을 보여 주기를 원한다. 그렇게 가족 입장에서는 당연한 요구라 생각하지만, 술 끊느라 악전고투 중인 중독자의 입장에서는 과도한 것을 중독자에게 기대하고 요구하게 된다. 그리고 술을 마시지 않음에도 기대대로 변화되지 않는 중독자의 모습에 가족들은 점차 분노하게 된다.

이는 넘어질 듯 휘청거리며 내달리는 중독자의 등을 떠미는 것과 같다. 이는 결국 가족 간의 갈등으로 이어지고 재발의 도화선이 되기도 한다.

출처: 문경회복센터 홈페이지.

단주 후 회복의 과정에서 미숙함을 느끼며 위축되고 좌절하는 시기만 늘 존재하는 것은 아니다. 때로는 정반대의 모습이 드러나기도 한다. 단주가 1~2년 정도 지속되고 많은 것이 안정되어 가면서 중독자는 점차 자신감을 갖게 된다. 회복의 과정에서 자신감을 갖고 당당하게 살아가는 모습은 필요하다. 하지만 그동안의 위축된 자신의 모습을 보상 받으려는 듯 이러한 자신감이 과도해질 때 문제가 될 수 있다.

이제 술을 마시지 않고도 얼마든지 살 수 있을 것 같은 자신감이 생기고, 술에 대한 경계심도 흐려진다. 문득문득 자신은 술과는 상관없는 사람처럼 여겨진다. 어쩌면 중독자가 아닐지도 모른다는 생각이 들기도 한다. 아니면 중독자가 아니고 싶을지도 모른다.

때로 중독자는 스스로를 술만 안 먹으면 문제가 없는 사람으로 인식한다. 음주 당시 이들은 주변에서 '너는 술만 안 먹으면 아무 문제가 없다'라는 말을 많이 듣는다. 자신 역시 그렇게 여기고 자신의 삶에서 무엇인가가 잘못되었다면 그것은 술 때문이지 자신의 문제는 아니었다고 생각했을 수도 있다. 그렇기에 유일한 문제였던 술을 끊은 지금의 자신은 아무 문제가 없다는 착각을 하게 된다. 문제는 이렇게 될 때 진정한 회복을 위한 치열한 노력 대신, 그저 술을 마시지 않을 뿐인 미숙하고 교만한 모습에 머물러 계속 살아가게 된다는 것이다.

뭐든 해낼 수 있다는 자신감과 함께 나타나는 것이 과도한 우월감이다. 단주의 기간이 길어지는 지금 자신은 그 누구보다 잘 회복해 가는 중이고, 이러한 단주의 기간만큼 목에 힘이 들어간다. 이러한 우월감은 AA모임이나 가족들 앞에서 잘 드러난다.

중독자는 스스로를 단주라는 고행을 거쳐 12단계를 실천하며 영적 삶을 살아가고 있는 사람으로 인식하고 있을 수 있다. 그 과정에서 아무도 모르는 삶의 지혜를 터득한 사람 마냥 우쭐할 수 있다. 그래서 가족이나 주변 사람들과의 갈등이 생길 때면 그들이 자신과 같은 삶의 지혜를 깨닫지 못했기 때문이라 생각하고 자신이 단주하며 느끼고 배운 것들을 알려 주고 싶어 한다. 이들은 가족에게도 12단계를 들이밀고, 회복 프로그램을 통해 읽은 책의 좋은 내용을 가르치려 한다.

하지만 가족들은 여기에 관심이 없을 뿐 아니라 오히려 황당하다는 태도를 보이고 무시하기가 일쑤이다. 심한 경우 삶에서의 변화는 보이지 않은 채 현학적이고 그럴듯한 말만 늘어놓는 중독자의 모습을 보며 술 취한 중독자를 바라보았던 눈빛을 보내기도 한다.

때로 가족들은 우월감에 가득한 중독자의 이런 모습을 바라보며, 극도로 불안해지거나, 또는 이제 술 문제는 완전히 끝났다는 섣부른 안도를 하는 식으로 양극단의 반응을 보이게 된다. 이러한 중독자와 가족의 상호 역동은 가족관계에 부정적 영향을 미치게 된다.

AA모임 안에서의 우월감은 주로 AA멤버들에 대한 판단이나 참견으로 나타나는 경우가 많다. 중독자는 술을 안 마시고 있다는 것만으로도 늘어나는 단주 연차만큼의 우월감을 느낄 수 있다. 단주 몇 년 차의 선배로서, 아직 술이 덜 깬 초심자들이 술을 끊기 위해 찾아오는 모습을 보며 어서 오라고, 할 수 있다고 손을 내미는 것만으로도 어깨가 으쓱해진다. 회복 과정의 어려움을 토로하는 주변 동료들에게 그들이 자신만큼 철저하게 회복의 노력을 하지 않기 때문이라 여겨 열심히 조언을 할 수도 있다.

하지만 AA모임 안에서의 이러한 우월감은 AA모임 밖 세상에서 중독과 상관없이 평범하게 잘 살아가는 사람들을 만나면 바람 빠진 풍선처럼 쪼그라든다. 술을 안 마신 것만으로 한껏 부풀어 올랐던 속 빈 우월감은 술 없이도 잘 살아왔던 사람들 앞에서 힘을 잃는다. 그리고 그런 상황은 단주 연차에 기대 우월감을 키워 왔던 중독자에게는 불편하고 낯설다. 이러한 불편이 싫어 자신을 대접해 주고 인정해 주는 AA모임 안에서만 맴돌다 단주 연차 외에는 아무것도 내세울 게 없는 우물 안 개구리가 될 수도 있다.

때로는 이러한 부적절한 자신감이나 과도한 우월감이 아닌, 이보다는 은밀하고 교묘한 교만의 모습으로 나타나기도 한다. 자신감이나 우월감이 미성숙하고 세련되지 못한 방법으로 불쑥 드러나는 것이라면, 교만은 이보다는 훨씬 미묘하고 알아차리기 힘들다. 겉으로는 기고만장한 모습을 드러내지는 않아도 속으로 자신이 잘 하고 있다고 생각하고 자신이 잘 해서 모든 것이 잘 되었다고 생각한다. 누군가의 재발 소식이 들리면, 안타까운 마음도 스치지만 역시 자신이 잘 하고 있다는 것을 다시 한번 확인하는 것 같다. 자기처럼 했다면 재발하진 않았을 것이라는 막연한 확신도 갖는다.

이 과정에서 신과 멀어진다. 자기가 신의 자리에 올라가려는 것이 영적인 타락이다. 자기가 잘해서 회복하고 있다는 마음 이것이 교만이다. 자신의 회복을 신에게 맡기는 마음도 사라지고 단주에 감사하는 마음도 사라진다. 이러한 교만은 재발을 불러오기도 하고, 재발이 아니더라도 이상한 모습으로 삶을 살아가게 된다.

교만이 무서운 이유는 서서히 자신도, 주변의 사람들도 모르게 진행될 수 있기 때문이다. 자신이 교만하다는 것을 자신은 모른다. 회복을 해 가며 대부분은 자신은 교만하지 않을 것이라고 생각한다. 자신은 너무 고생했고, 누구보다 고통을 겪고 힘겹게 단주를 시작했기에 자신은 교만하지 않을 것이라 생각한다. 하지만 자신은 교만하지 않을 것이라는 생각조차도 교만이다.

단주를 시작한 직후, 처음에는 술을 끊을 수 있었다는 것만으로 감사가 가득하다. 세상이 달리 보이고, 모든 것이 빛나 보인다. 하지만 이런 감사가 당연한 것도, 영원한 것도 아님을 아는 데 시간이 오래 걸리지 않는다. 시간이 가면서 점차 감사는 사라지고 단주의 힘겨움에 대한 불평불만이 마음속 자리를 넓혀 가기 시작한다.

단주를 시작하며 품었던 부푼 기대는 쉽게 채워지지 않는다. 뿐만 아니라 단주를 막 시작했을 때의 설렘이 사라지고 나면 그저 술을 마시지 않는다는 사실만으로도 힘겨운 단주 초기의 적응기가 시작된다. 단주 초기에는 그저 숨 쉬는 것만으로도 힘겹다. 뭐든지 다 해낼 수 있을 것만 같던 의욕은 생각보다 빨리 사라지고 자신 앞에 놓인 힘겨운 상황이 더 무겁게 느껴진다. 술 마시던 시절 나 몰라라 할 수 있었던 책임과 역할들이 다시 주어지면서 더 큰 부담감이 생기고, 놀고먹고 싶은데 그럴 수 없는 현실은 절로 투덜거려진다.

대부분 단주를 시작하는 이들은 단주 이후의 삶에 대해 막연한 환상을 가지고 있다. 단주만 하면 누구보다 행복하게 잘 살 것이라는 막연한 환상이다. 그런데 단주 생활이 길어지면 일도, 책임도 많아지고, 이는 꿈꾸던 환상 속의 단주 생활과 다르다. 현실이 제대로 보이기 시작한다.

중독자의 눈에 비친 가족의 모습 역시 기대와 다르다. 자신보다는 가족들이 원해서, 그리고 가족을 위해 자신이 그토록 아끼던 술을 끊었다고 내세우고 싶지만 왠지 가족들이 이를 제대로 알아주는 것 같지 않다. 뭔가 자기만 손해 보는 느낌이 든다. 게다가 술만 끊으면 자신을 업고 다닐 것 같던 가족은 오히려 점점 더 많은 것을 요구하기 시작한다.

자신은 단주를 위해 죽을힘을 다하면서 가족과 잘 지내려 노력하는데, 가족들이 이를 알아주지 않는 것 같아 억울하다. 술만 안 마시면 자신을 환영하고 반겨 줄 것이라 믿었던 자녀들과의 관계가 여전히 어색하고 서먹한 것도 이해되지 않는다. 자기 마음대로 되지 않는 가족에 대한 불만은 순간순간 다시 술을 마셔 버릴까 하는 생각까지 이어지기도 한다.

남들은 잘 먹고 잘 사는 것 같은데 자신만 이렇게 힘들게 사는 것 같아 생겨나는 불평불만이 마음을 가득 채우면 이들은 점차 단주가 하기 싫어지고 술 마실 때가 오히려 더 나았다는 망상에 사로잡히게 된다. 그래서 감사의 결여와 불평불만은 재발의 지름길이다. 중독은 감사를 모르는 병이기에 감사를 잊고 불평불만을 채우는 순간 중독은 다시 돌아온다.

단주 후 병원에서 보호사로 일을 시작한 L씨는 자신이 참으로 운이 좋다고 생각했다. 치료받은 병원에서 일을 하며 돈도 벌고, 다른 사람들의 회복도 도울 수 있으며, 자신의 회복에도 도움을 받을 수 있으니 더 바랄 것이 없었다.

보호사로 일하면서 성실하게 열심히 일했고, 주변의 인정을 많이 받았다. 더 잘 해내고 싶다는 의욕을 보이는 L씨는 주변의 권유로 상담 공부를 시작하게 되었다. 공부하는 과정에서도 주변의 칭찬을 들을 만큼 열심이었다. 밤잠도 자지 않고 공부하였고, 남들보다 빨리 학업을 마친 L씨는 자격을 취득하고 병원에서 보호사가 아닌 상담사로서의 일을 시작했다. 병원 입원 환자들이나 함께 병원 생활을 했던 이들은 모두 이런 L씨를 부러워했고, 병동 안에서만큼은 L씨는 누구보다 대단한 사람이었다.

이러한 과정에서 점차 자신이 어느 누구보다 잘 회복하고 있다는 자신감이 점차 높아졌고, 상담사로서도 누구보다 잘 하고 있다는 생각을 갖기 시작했다. 단주가 10년 가까이 되어 가면서 이런 자신감은 어느 순간 자신도 모르게 교만으로 변질되고 있었다. 점점 심해지는 교만은 불평불만과 갈등으로 모습을 드러내기 시작했다.

어느 순간부터 L씨의 경험담에는 직장에서 자신을 제대로 대접해 주지 않는다는 불평불만이 채워지기 시작했다. 병원의 치료진들과 AA 선배들과의 갈등이 잦아졌다.

하지만 L씨는 이러한 갈등관계를 해소하기 위해 노력하기보다는 주변을 탓하면서 이는 자신의 문제가 아니라 주변 사람들이 자신을 시기하기 때문이라고 생각했다. 그리고 스트레스를 풀기 위해 신경안정제를 먹기 시작했다.

술은 안 마셨지만 신경안정제에 대한 오남용이 시작되었다. 이러한 행동을 하면서도 자기 자신과, 약물에 대해서 누구보다 잘 알며, 스스로 잘 조절할 수 있고, 그러니 문제가 되지 않을 만큼 알아서 잘 복용할 수 있다면서 큰소리쳤다. 하지만 어느새 점점 복용이 잦아지고 양이 늘어가는 위태로운 모습을 보였고, 이로 인한 실수나 문제들이 생기기 시작하고 있었다.

이 같은 모습에 주변에서 충고를 하기도 했지만 자기가 알아서 잘할 수 있으니 간섭하지 말라면서 충고를 듣기 싫어했다. 이러한 L씨의 모습은 점차 주변으로부터의 고립을 가져왔고, 잔뜩 날이 서 있는 L씨에게 아무도 손을 내밀지 않게 되었다.

출처: 문경회복센터 홈페이지.

교만이든 불평불만이든 무엇인가 생겨난다면 차라리 발견하기 쉬울 수 있다. 하지만 권태는 오히려 아무 일도 없는 듯 느껴지는 것이다. 아무런 재미도, 의미도, 의욕도 없다. 그렇다고 괴롭거나 힘겨운 것도 아니다. 공허하게 텅 빈 시간처럼 느껴진다. 그렇기에 더 문제를 인식하기 어렵고 무섭다. 불평불만이 단주 초기에 많이 나타난다면 권태는 단주가 어느 정도 안정기에 접어들었다고 여겨지는 이후 시간에 많이 나타난다. 단주 후 5~6년 정도에 이르렀을 때 권태를 많이 경험하며, 10년 이상 일정 기간의 안정적인 회복이 진행되면서, 반복되는 생활에서 주기적으로 권태가 나타날 수도 있다.

술을 마실 때는 롤러코스터와 같은 쾌감과 불쾌감, 긴장과 이완의 연속이었다면 단주 후 어느 정도 안정기에 접어들면 반복되는 일상은 단조롭고 재미없게 느껴진다.

사실 인간의 삶이란 별거 없다. 그저 평범하게 이어지는 일상의 연속이 삶이다. 술을 마시던 시절, 혼돈으로 가득한 시간 속에서 이들은 평온함을 갈구했지만, 극단적인 삶의 경험을 한 중독자에게 일상의 평온함은 오히려 무미건조함으로 느껴지기도 한다. 평생 평온함을 경험해 본 적이 별로 없는 중독자에게 평온함은 오히려 낯설고 불편한 권태로 다가오는 것이다. 맵고 짠 음식에 익숙한 사람에게 담백한 음식이 주는 심심함은 '맛없다'로 느껴질 수 있다.

이러한 권태는 회복을 지루하게 만든다. 회복에 대한 기대를 없애고, '술 끊어도 별거 없네'라는 생각을 자기도 모르게 갖게 한다. 그리고 감사함을 잊고 불평불만과 교만을 키워 가는 배양체가 된다. 이는 회복에 대한 노력을 내려놓게 하고, 그렇기에 위험하다. 회복의 과정은 계속해서 페달을 돌려서 앞으로 나아가는 자전거와 같다. 페달을 돌리지 않는 자전거는 단순히 앞으로 나아가지 않는데 그치는 것이 아니라 더 이상 서 있지 못하고 넘어지고 만다. 권태는 회복으로 나아감을 멈출 뿐 아니라 재발에 이르게 할 수 있는 조용한 위기이다.

게으름

회복 중인 중독자는 주변 사람들의 눈에 게으른 사람으로 보일 수 있다. 때로 자기가 해야 하는 잡다한 일들을 부지런하고 야무지게 해내기도 하지만, 정작 중요한 일 앞에서는 게으르거나 우유부단한 모습을 보이는 경우가 많다. 자신이 해야 하는 일을 뒤로 계속 미루거나 피하려고 하고 쉽게 결정 내리지 않는다. 그저 앉아서 이러쿵저러쿵 계획만 많고, 정작 무엇도 시작하지는 않는다.

말 그대로 몸이 따라 주지 않아서 게으른 모습처럼 보이기도 한다. 중독자는 그동안의 음주로 인해 겉모습은 멀쩡해 보여도 눈에 보이지 않는 신체적인 손상을 가진 경우가 많다. 무기력하고 무거운 몸은 모든 것을 귀찮고 짜증 나게 한다. 그저 소파에 누워 뒹굴고 싶고, 손가락 까딱하기도 싫다.

하지만 중독자를 게으르게 하는 것은 몸의 무거움보다는 마음의 무거움이다. 게으름이나 우유부단의 뒤에는 중독자의 완벽주의가 있다. 실수나 실패에 대한 두려움, 잘못될 것에 대한 걱정, 거절에 대한 두려움은 무엇인가를 시작하려는 중독자가 넘어야 하는 높은 문턱이다.

무엇보다 중독자는 생각이 많다. 너무 계산이 많고 이것저것 따지느라고 결정하지 못하고 우유부단하다. 손해 보기 싫고, 믿음이 없어서, 그리고 두려움이 많아서 생각이 너무 많다. 완벽하게 계획을 세워 시작해야 하기에 선뜻 시작하지 못한다. 머릿속으로 수백 번 수천 번 이미 시작했다. 그 안에서 온갖 시련과 실패와 성공과 환희도 경험한다. 하지만 머릿속에서 벌어진 일일 뿐이다. 밖으로 드러난 행동은 아무것도 없다. 실제로는 한발자국도 움직이지 않았다.

그래서 중독자는 다른 사람들의 눈에는 게으르게 보이지만 자기 스스로는 게으르다고 생각하지 않는다. 자기 딴에는 온힘을 다해 애쓰고 있었기 때문이다. 다만 행동으로 애쓰는 것이 아니라 생각으로만 애쓰는 것일 뿐이라는 것을 알아채지 못한다. 이들은 생각만으로도 이미 지친다.

더 심각한 것은 머릿속에서만 행해진 것을 자신이 실제로 실천했다고 착각하는 것이다. 자녀에게 미안했던 과거를 속죄하며 머릿속으로 자녀에게 어떻게 좋은 부모가 될지 온갖 생각을 하다 지쳐서 정작 자녀를 만나면 아무것도 해 줄 여력이 없는 중독자의 경우를 예로 들 수 있다. 그러면서 이렇게 노력하는 자신의 마음을 알아주지 않는 가족이 원망스럽기만 하다. 하지만 중독자는 인식하지 못한다. 자신은 머릿속으로만 좋은 부모였을 뿐, 실제로는 아무것도 하지 않았다는 것을. 아무에게도 보이지 않는 자신의 머릿속에서는 많은 일들이 벌어지고 있지만, 현실의 자신은 가만히 그 자리에 누워 있을 뿐이었다.

중독자의 게으름은 회복을 위한 노력에서도 마찬가지이다. 이들은 머릿속으로 수천수만의 회복을 위한 노력을 하지만 정작 실제 실천으로 옮겨지는 것은 그중 한두 가지이다. 어쩌면 단 하나도 실천하지 못하고 있을지도 모른다.

이들은 일기를 써야 한다고 생각은 하지만 계속 미룬다. 잘 써야 하니까 더 고민하고 준비해서 내일부터 쓰려 한다. 몇날 며칠 일기를 써야 한다고 생각을 계속하고 있었기에 마치 일기를 쓰고 있는 것처럼 신경 쓰이고 피곤하다. AA모임에 대한 생각은 계속 하면서도 참석은 하지 않는다. 일어나서 나가기가 싫다. 나가서 새로운 사람을 만나고 이야기를 나누고 해야 하는 것을 머릿속으로 생각하다 보면 벌써 귀찮다. 그러면서도 '언제 나가지?', '가면 어떤 말을 어떻게 하지?', '사람들이 나를 어떻게 바라보겠지?' 하는 등의 끊임없는 생각으로 마치 모임 장소에 다녀온 듯하다.

실천에 옮겨지지 않고 머릿속에서만 치열한 회복 노력이 다른 사람들의 눈에는 보이지 않기에, 이들은 함께 회복의 길을 가는 서로의 눈에 게을러 보일 수 있다. 그래서 자신만큼 치열하지 않고 가만히 있는 것처럼 보이는 회복동료에게 더 노력하라고, 자신처럼 애쓰고 노력해야 한다고 지적한다. 하지만 그렇게 말 하는 사람도 어쩌면 행동으로 옮겨지지 않은, 머릿속으로만 치열한 회복의 노력 중일지도 모른다.

중독자가 아닌 많은 사람들도 때로는 귀찮아서, 때로는 피곤해서 자신이 해야 할 일을 미루거나 포기해 버린 적이 있을 것이다. 자신의 게으름을 한번쯤 탓해 보지 않은 사람은 없을 것이다. 하지만 중독자의 게으름은 그 정도가 좀 더 심하다. 그리고 그 게으름을 떨쳐 버리고 일어나기가 더 어렵다.

이럴 때는 움직여야 한다. 생각을 끊고 단순하게 머릿속에 떠오른 것을 당장 실천해야 한다. 생각이 꼬리를 물고 이어지려 할 때면 상상 속의 가위를 꺼내 생각을 잘라야 한다. 단순해져야 한다. 실패해도 좋고, 속아도 좋고, 실수해도 좋다. 일단 해 보자는 태도가 필요하다. 회복은 머리가 아닌 몸으로 하는 것이다.

낙인과 차별

대부분의 중독자는 자기 스스로에게 낙인을 찍는다. '나는 안돼', '난 재수가 없어', '지금 이 나이에'와 같은 말들이다. 무엇보다 이들이 가장 많이 꺼내드는 낙인카드는 '난 중독자야'이다. 술을 마실 때도 이런 저런 상황에서 꺼내 놓던 이 변명은 단주 이후에도 뭔가 여의치 않고 주저앉고 싶을 때마다 스스로에게 포기를 허락하는 마법의 주문처럼 사용된다.

이는 생각만큼 변하지 않는 자신의 현재 상황에 대한 변명일 수도 있고, 주변 사람들에게 자신을 건들지 말라는 방어일 수도 있다. 때로는 회복 과정이 힘들어 포기하고 싶거나, 계속해서 노력해야 하는 상황이 싫거나 권태로울 때 이러한 말들로 자신을 규정하고, 이 낙인 뒤로 숨는다.

모든 순간 새로운 선택을 통해 새로운 삶을 살아갈 수 있는 존재로서의 자신을 받아들이지 않고, 스스로 찍는 이러한 낙인은 계속 자신을 옭아매는 족쇄가 될 것이다.

가족이 찍는 낙인 역시 다양하다. '넌 안 돼', '넌 믿을 수 없어', '너는 말 뿐이잖아', '너는 아무것도 못 해'. 이 외에도 술을 마시던 시절, 어쩌면 그 이전부터 중독자를 규정하던 여러 판단들이 회복의 과정에도 변함없이 효력을 유지하는 것이다. 이러한 낙인은 단주를 시작하며 뭔가 시도하려던 중독자로 하여금 주춤하게 하고, 위축되게 한다.

가족에 의해 주어지는 어쩌면 가장 무겁고 벗어나기 힘든 낙인은 '역시 중독자야. 중독자는 어쩔 수 없어'일 것이다. 이는 회복 중인 중독자에게 여전히 너와 나는 다르고, 나는 옳고 너는 틀렸음을 주장하고 싶을 때 던질 수 있는 가족의 강력한 무기가 된다. 자신이 화를 내면 솔직한 감정 표현이고, 회복 중인 중독자가 화를 내면 마른 주정이라 몰아세우기도 한다. 자신의 몸이 안좋으면, 그동안의 힘겨웠던 세월의 결과이고 회복 중인 중독자가 몸이 아프다고 하면 금단 증상이라 하거나 게으름, 또는 엄살이라고 비난한다.

이는 가족의 오랜 습관으로 부지불식간에 튀어나오는 눈빛이나 말투이다. 한 인간으로서의 중독자를 있는 그대로 바라봐 주고 중독자의 입장에서 회복을 위해 애쓰는 그의 진심을 이해하고자 하는 노력 없이는 쉽게 바뀌지 않을 것이다.

사회적인 낙인과 차별 역시 부정할 수 없는 현실이다. 의지박약의 도덕적 결함을 가진 사람이기에 사회에서 격리해야 할 대상으로 여겨질 수 있다. 중독자를 바라보는 사회적인 시선은 술을 끊었다고 해서 쉽게 달라지지 않는다.

떨리는 손을 내밀며 술값을 요구하는 술에 취한 노숙자, 알아들을 수 없는 말을 쏟아내며 휘청거리는 몸으로 시비를 거는 중년의 남자 등 중독자에 대한 편견어린 이미지는 강렬하다. 그리고 대부분의 사람들에게 이는 중독자의 전형적인 모습으로 여겨진다.

특히, 회복을 경험하고, 회복에 대한 공감대를 만들어 가지 못했던 사회에서는 중독자와 회복자를 구분하는 것조차 어려울 수도 있다. 중독자에 대한 사회적 낙인과 차별이 존재하는 사회에서 회복 중인 중독자가 쉽게 모습을 드러내기 힘들고, 그러기에 사람들은 회복 중인 사람의 모습을 볼 기회를 갖지 못한다.

일상의 모습으로 스며들어가 눈에 띄지 않는 회복자의 모습은 다른 사회 구성원의 눈에 보이지 않는다. 때문에 중독에서 회복 중이라는 말에 흔히 떠올리는 중독자의 연장선쯤에서 모습이 그려지거나, 어쩌면 언젠가 다시 술 마실 준비를 하고 있는 사람쯤으로 여겨질 수 있다. 이러한 사회에서 회복에 대한 응원과 공감을 기대하기는 어렵다.

때로 미디어 등을 통해 등장하는 회복자의 모습은 또 다른 형태의 편견 프레임 속에서 만들어진 감동 스토리로 회복 중인 중독자에 대한 왜곡된 이미지를 만들어 낼 수도 있다. 이들은 시련을 극복해 낸 영웅이나 삶의 지혜를 깨달은 수행자처럼 띄워질 수도 있다. 그저 한 인간으로 성장하기 위해 노력하는, 누구나처럼 실수도 하고, 누구나처럼 미숙한 면도 있지만 최선을 다해 살아가고 있는 사회의 일원으로 보이지 않을 것이다. 이 역시 낙인이다.

6. 회복을 위한 노력

AA에 참석하고 12단계를 생활화하라

술은 혼자 마셨지만 회복은 혼자서 할 수 없다. 때문에 회복을 위해 노력하는 이들이 함께 모인 AA는 회복의 과정에서 중요한 자원이다. 함께 가는 동행이나 지도(map)가 없어도, 그리고 길을 안내하는 가이드가 없어도 산을 오를 수는 있다. 하지만 중독으로부터의 회복은 동네 뒷산을 산책하는 것이 아닌 히말라야 산을 등반하는 것과 같다. 동행이 있고, 지도가 있고, 가이드가 있다면 한결 안전하고 행복하게 과정을 갈 수 있고, 가고자 하는 곳으로 잘 나아갈 수 있을 것이다.

AA에는 회복의 길을 함께 가는 동행이 있고, 그 길을 안내하는 지도와 가이드가 있다. AA에 참석하지 않고 12단계를 실천하지 않고서 회복을 할 수도 있겠지만, AA와 12단계의 실천을 통해 회복의 과정은 보다 충만할 수 있다. AA에 참석하고 12단계를 실천함으로써 많은 이들이 영성 살이를 잘하고 회복의 과정을 잘 유지해 나간다.

AA는 알코올 중독이라는 공동의 문제를 해결하기 위해 서로의 경험과 힘, 희망을 함께 나눔으로써 회복의 과정에서 서로가 서로의 회복을 돕고자 하는 모임이다.[1] AA에 참석함으로써 중독자임에도 술을 마시지 않고 살아가는 많은 사람들을 보는 것은 자신이 정말 단주를 할 수 있을까 반신반의하던 사람들에게 할 수 있다는 희망을 갖게 한다. 다양한 회복의 경험담을 들으며 자신이 겪었던, 그리고 겪어 가야 할 많은 상황에 대해 알고, 어떻게 대처해 갈 수 있는지도 배우게 되며, 준비할 수 있게 된다. 혼자가 아니라는 소속감도 갖게 된다. 또 자신이 중독자임을 잊지 않고 항상 상기하게 해 주는 장치이자, 자신의 과거 모습을 계속해서 직면하도록 하며, 회복 중인 현재에 대한 감사를 잊지 않게 도와준다.

12단계 프로그램은 AA에서 활용되는 실천 프로그램으로 중독으로부터의 회복을 위한 실천 방향을 제시하고 있다. 중독으로부터의 회복은 전인적인 변화의 과정이며, 12단계 프로그램은 이러한 전인적 변화를 위한 구체적인 안내이다.

자신이 중독자임을 인정하고 자신의 회복을 위대한 힘(Higher Power)에 맡기며, 자신을 성찰하고 관계를 점검하며 이를 고백하고 보상하는 과정, 그리고 계속되는 영적 회복의 노력과 메시지의 나눔을 강조하고 있다. 자신의 과거를 회개하고, 인정하며 수

---

1) 한국 A.A. G.S.O., 『익명의 알코올중독자들(Alcoholics Anonymous)』, 한국 A.A. G.S.O., 2015.

용함으로써 성장을 위한 밑거름으로 삼는다. 과거에 대한 정직한 탐색을 통해 같은 실수를 반복하지 않도록 하며, 과거의 자신과 지금의 자신의 모습을 비교하여 오늘보다 더 나은 내일을 위해 노력할 수 있게 한다. 과거를 검토하는 이러한 노력은 과거에 매이기 위한 것이 아니라 앞으로 나아가기 위한 필수적 과정이다.

12단계 프로그램은 이론을 바탕으로 논리적으로 구성된 프로그램이 아닌 앞서 회복을 경험했던 많은 선배 회복자들의 경험을 바탕으로 만들어진 실천 프로그램이자 영적 프로그램이다. 때문에 분석하고 판단하며 머리로 이해하는 프로그램이 아니라 그저 믿고 따를 것이라는 선택을 바탕으로 스스로 실천해 가는 프로그램이다. 그렇기에 12단계 프로그램에 대한 각자의 깊이 있는 성찰을 통해 자신의 해석과 자신만의 방법을 찾고 꾸준히 실천해야 한다. 물론 선배와 동료들의 조언과 도움이 있을 수 있지만 이러한 실천은 결국 누구도 대신해 줄 수 없는 자신의 몫이다.

AA 참석과 12단계 프로그램의 실천 과정에서 유의해야 하는 가장 큰 적은 교만이다. 그저 AA에 왔다 갔다 하는 것만으로 자신이 회복을 위해 최선의 노력을 다 하고 있다고 생각할 수 있다. 12단계 프로그램을 한두 번 적용해 보는 것만으로 '할 만큼 다 했다'거나 '12단계 프로그램에 통달했다'는 착각에 빠질 수도 있다.

하지만 지속적으로 AA에 참석하고 평생에 걸친 12단계 프로그램을 실천하며 계속 성장해 나가는 것이 회복의 과정이다. 12단계 프로그램은 한두 번 해 보는 것으로 끝낼 수 있는 일회성의 프로그램이 아니다. 하루하루 살아가는 일상의 삶에서 늘 자신을 성찰하며 변화를 위한 노력을 지속하는 프로그램이다. 어제 아무리 밥을 많이 먹었어도, 오늘 또 밥을 먹어야 하듯, 12단계 프로그램의 실천은 삶이 이어지는 한 계속되어야 하는 일상의 한 부분이다.

출처: 문경회복센터 홈페이지.

중독자는 자기중심적이고 자신감이 없으며, 자기증오심 때문에 고집스러운 자만심을 내세웁니다. 자신이 모든 것을 다 알고 있다고 생각하고 무언가를 배우려고 노력하는 것은 소용없는 짓이라고 생각합니다.

회복은 각자 자신의 몫이지만, 혼자만의 노력이 아닌 많은 이들의 도움을 통해 가능한 과정이다. 그렇기에 자신만의 회복의 길을 찾아가는 과정에서 누구에게든 배우고자 하는 겸손함을 가지고 도움을 요청하는 진정한 용기를 실천할 수 있어야 한다.

중독자는 지식이 많고 학벌이 높을 수는 있지만 세상과 인간, 그리고 삶에 대한 깊이 있는 이해와 지혜는 부족한 경우가 많다.

이는 학교에서 배울 수 없는 것이며, 건강한 삶의 과정과 관계 속에서 경험을 통해 자연스럽게 배워 가는 것이다.

하지만 술이라는 보호막에 싸여 있던 중독자들은 이러한 지혜를 배울 기회가 부족했던 경우가 많다. 이들은 그저 자신의 학벌이나 물질적 능력을 삶의 지혜라 착각하고 미숙함에도 불구하고 교만한 모습을 보이기도 한다. 자신만의 좁은 우물 안에서 자신이 알고 있는 것을 전부라고 생각하는 자기중심적인 모습을 보인다. 그리고 이로 인해 자신은 물론 주변 사람을 힘들게 하고 상처를 주었다. 이들은 지식을 가진 유능한 사람일 수는 있으나 진정한 어른이라 할 수는 없다.

다른 누군가의 도움을 요청하는 것은 중독자에게 쉽지 않은 일이다. 중독의 뿌리에 놓인 수치심은 다른 누군가에게 도움을 요청하는 것을 부끄럽게 느끼게 하고 망설이게 한다. 대신 자기중심적 이기심으로 다른 누군가가 알아서 자신에게 필요한 도움을 주기를 막연히 기다리는 경향이 있다. 자신이 어떤 도움을 받아야 하는지 명확하게 모른 채, 안다 하더라도 정확하게 표현하지 않은 채, 또한 도움을 요청하는 분명한 제스처를 취하지도 않고 막연히 기다린다. 그러다 필요한 도움이 주어지지 않아 어려움에 처하게 되면 세상과 주변 사람을 원망하곤 했다.

단주를 시작한다 해도 누군가에게 도움을 요청하는 것은 여전히 어렵고 익숙하지 않다. 하지만 회복의 과정에서 대부분의 중독자는 혼자만의 힘으로 회복하는 것이 쉽지 않다는 것을 곧 알게 된다. 부푼 기대감으로 무엇이든 다 할 수 있을 것만 같던 열정 넘치는 시간들이 지나가면서 차분하게 돌아보면 이는 분명해진다. 회복의 과정은 처음 가 보는 낯선 길이고, 술 없이 살아가는 삶은 서투르고 버겁다. 이를 감당하기에 자신은 미숙하고 약하다. 자신의 문제를 정직하게 직면하면, 그리고 그 문제를 자신의 힘만으로 극복할 수 없다는 것을 인정하면, 도움을 요청할 수밖에 없다. 그리고 진정 도움을 요청하고 그 도움을 받아들여 배우는 과정에 겸손함이 자리 잡게 된다.

도움이 필요할 때 도움을 요청하기 위해 주변을 돌아보면 주변에 건강하고 평범하게 자신의 삶을 잘 살아가는 많은 사람들이 있음을 알게 된다. 나이나 학력, 가난하거나 부자이거나 상관없이 자신과 가족을 사랑하고 자신의 삶에 감사하며 행복하게 살아가는 사람들이다. 중독과 상관없어도 이들은 모두 회복의 과정에서 도움을 요청하고 삶을 배워 갈 수 있는 사람들이다.

자신보다 성숙한 삶을 살아가고 있는 회복의 선배, 또는 전문가 역시 도움을 요청할 수 있는 많은 사람들 중 일부이다.

이들에게 진정한 도움과 배움을 얻기 위해 필요한 것이 겸손함이다. 중독자는 회복의 과정에서 건강하게 살아가는 보통의 사람들이나 성숙한 삶을 살아가는 회복자, 또는 전문가를 만났을 때 자신이 얼마나 미숙하고 부족한지 느끼게 된다. 그리고 자신과는 다르게 살아가는 그들의 모습을 보며 느끼는 이 감정을 겸손함이라 착각한다.

하지만 이는 겸손함이라기보다는 비굴함인 경우가 많다. 비굴함은 상대와의 비교를 통해 자신이 작아지는 것이다. 자신의 모습이 싫고, 자신은 왜 저런 모습으로 살아가지 못하는가에 대한 부끄러움과 함께 그들에 대한 동경을 느낀다. 동시에 질투와 억울함이 느껴지기도 한다. 그래서 부정하거나 외면하려 하기도 하고, 때로는 그들을 흉내 내며 동일시하기도 한다.

진정한 겸손함은 자신의 부족함을 인정하고 이에 대해 배움을 요청할 수 있는 자세이다. 막연히 그들을 동경하고 그들을 따라가기보다는 그들을 인정하고 그 모습을 배우면서 자신을 더 돌아보고 자신을 변화시키고자 노력한다. 이것이 또한 진정한 용기이다. 모르고 미숙한 것은 부끄러운 일이 아니다. 모르면서 알려고 노력하지 않고, 미숙하면서 성장하려고 노력하지 않는 것이 정말 부끄러운 일이다.

자신이 살고 싶은 멋진 삶, 성숙한 삶을 살고 있는 회복자의 뒤를 따라 회복의 롤 모델로 삼을 수 있다. 회복의 길을 밝혀 주고 안내해 줄 수 있는 역할은 또 다른 회복자가 해 줄 수 있는 역할이다. 아직 자신의 길이 명확하게 보이지 않을 때, 어디로 가야 할지 알지 못할 때는 앞서간 롤 모델의 발자국을 따라가는 것이 방법일 수 있다.

전문가 역시 도움을 요청하고 함께 할 수 있는 회복의 동행이 될 수 있다. 중독전문가나 상담전문가, 정신보건이나 심리치료 전문가 등 다양한 영역의 전문가들을 통해 자신을 좀 더 이해할 수 있고 자기 문제를 해결할 수 있으며, 새롭고 건강한 삶의 방식들을 배워 갈 수도 있다.

중독과 상관없이 한 인간으로서 삶의 스승이 되어 줄 수 있는 사람들도 있다. 중독으로부터의 회복은 중독에서 벗어나는 것만이 전부가 아니다. 술을 끊는 것이 삶의 목적이 아니라 사람답게 잘 사는 것이 회복이다. 그러기에 어떻게 사는 것이 잘 사는 것인지를 배울 수 있는 삶의 스승이 필요하다.

삶의 스승은 종교인이나 존경할 만한 누군가처럼 주변에 실재하는 사람 외에도 책이나 좋은 강의 등을 통해서도 만날 수 있다. 이 사회의 정신적 지도자가 삶의 스승이 될 수도 있다. 이타적인 삶을 사는 사람, 말보다 실천하는 사람, 있는 그대로 나를 바라봐 주는 사람, 편견이 없는 사람이라면 누구든 스승이 될 수 있다.

물론 이 세상에 완벽한 사람은 없기에 스승 역시 완벽한 사람일 수는 없다. 다만 그게 무엇이든 보고 배울 수 있는 어떤 모습을 가지고 있다면 삶의 스승이라 할 수 있을 것이다.

도움을 요청하고 함께 가야 하는 가장 중요한 사람은 가까이에서 마음을 나눌 수 있는 사람이다. 가족이나 친구, 연인이 될 수도 있다. 가까이에서 자신을 사랑해 주고 이해해 주는 사람이다. 나의 편이 되어 주고 응원해 주는 사람, 있는 그대로의 자신을 인정하고 기다려 주는 사람이면 좋겠다. 이들은 아무런 노력이 없어도 그저 당연히 옆에 있는 사람들이 아니다. 진심으로 도움을 요청하고, 함께 하기 위해 노력할 때 옆에 머물러 줄 것이다.

M씨는 중·고등학교 시절 공부도 상위권이었고, 좋은 대학도 나왔다. 하지만 대학 시절부터 술을 마시기 시작해 사회생활 초년생부터 술에 탐닉했고, 직장을 자주 옮겨 다니며 제대로 직장생활을 해내지 못했다. 그렇지만 자신은 언제든 마음만 먹으면 잘 할 수 있다는 생각을 가졌고, 이런 자신을 알아주지 않는 사회를 원망하며 술을 마셨다. 가족이나 주변인들은 M씨에게 성격도 화통하고 술만 안 마시면 아무 문제없을 텐데 술만 좀 줄이라며 위로 아닌 위로를 많이 했다.

결혼해 가정도 꾸렸고, 여기저기 옮겨 다니면서도 직장생활도 그럭저럭 유지했다. 하지만 30대 중반부터 잦은 폭음으로 여러 번의 사고를 쳤고, 결국 10여 년간 여러 번 병원 생활을 하다 40대 중반 단주를 시작하게 되었다. 단주 10년이 되어 가는 현재 M씨는 자신과 같은 중독자를 돕기 위해 전문가 과정을 밟고 있다.

비록 술을 먹고 그래서 여기까지 왔지만 자신은 충분히 능력 있고, 똑똑한 사람이라는 생각으로 도전을 했다. 처음에는 좀 긴장을 했으나 수업을 들어 보니 생각보다 어렵지 않은 듯했고, 특히 중독에 대한 내용을 배울 때는 자신의 경험을 우쭐해하며 들려 주기도 하였다. 때로 유명한 교수나 의사가 아닌 현장 실무자나 나이가 좀 어린 강사들이 수업을 하면 거만한 모습으로 강사를 테스트하기 위해 질문을 던지거나 오히려 가르치려는 태도를 보이기도 했다. 자신의 단주 경험을 내세우며 목에 힘만 주고 배우려는 모습은 보이지 않았다.

반면 유명한 교수나 인지도가 높은 강사가 오면 비굴한 모습으로 아부를 하며 자신의 존재를 알아달라는 듯한 모습을 보였다. 하지만 이 역시 무엇인가를 배우려는 자세는 아니었다. 그저 이들과 안면을 넓히는 것을 통해 마치 자신이 이들과 친분이 있고, 이들과 자신이 동격인 것처럼 행동하고 싶을 뿐이었다. 그러면서 자신의 위상이 이만큼이나 높아졌다고 착각했다. 자존감이 낮고 수치심이 많은 M씨는 이들과의 인맥을 통해 자신을 과시하고 싶은 마음뿐이었다.

AA에 가면 자신처럼 전문적으로 공부하지 않고 그저 12단계를 하면서 회복하고 있는 선배들의 모습이 믿음직스럽지가 않았다. 경험담을 통해 힘든 이야기나 하는 것 같이 느껴져 더 이상 AA는 별 도움이 되지 않는다고 여기고 있다.

M씨는 진정한 내적 성장의 길보다는 눈에 보이는 지식이나 자격증과 같은 외형적인 것만을 추구하고 깊이 있는 대화를 나눌 수 있는 관계를 만들지 못했다. 껍질뿐인 외형의 추구는 그 뒤에 숨은 초라한 본모습을 더 위축되게 만들고, 가족이나 가까운 사람들과의 관계는 더욱 힘들어졌다. 하지만 M씨는 가족들이 왜 자기만 보면 말문을 닫는지, 왜 마음 편히 이야기 나눌 동료 하나 없는지 이해하지 못한다. 그리고 자신이 힘들다는 것을 인정하기는 싫다. 자신은 누구보다 잘 회복하고 있기에 그저 상황이 여의치 않아, 주변에서 도움을 주지 않아 잠시 힘든 것이지 혼자서 잘 해 나갈 수 있으리라 굳게 믿는다.

　어제까지 살아온 삶이 오늘의 나이고 오늘의 삶이 내일의 나이
다. 오늘의 자기 자신은 지금까지 자신이 살아온 결과이다. 어느
누구도 알코올 중독자가 되기 위해서 살아온 사람은 없다. 그럼에
도 자신이 왜 이 자리에 와 있는지 알기 위해서는 자신이 살아온
삶을 돌아봐야 한다. 그래야 같은 실수를 되풀이하지 않고, 자신
이 원하는 방향으로 살아갈 수 있다. 자신이 원하는 미래로 나아

출처: 문경회복센터 홈페이지.

　알코올 중독자들은 정직하지 못합니다. 중독의 과정에서 이들은 자신의
음주 사실에 대해 가족과 친구, 그리고 자신에게까지 거짓말을 서슴지 않
았습니다. 물론 그 이유는 술을 계속 마시기 위한 것인데, 이러한 비정직성
은 제2의 성품이 되어 거짓말을 할 필요가 없는 상황에서도 자연스럽게 거
짓말을 하게 됩니다. 그래서 결국에는 자기 자신에게도 정직하기 힘든 상
황이 됩니다.

가기 위해서는 지금 자신을 성찰하는 것이 꼭 필요하다.

자기성찰, 즉 자신을 돌아본다는 것은 어두웠던 방에 불을 켜는 것과 같다. 이 방은 예전부터 쌓여 온 온갖 것들이 어수선하게 널려 있는 공간이다. 읽던 책도 굴러다니고 먹다 만 밥상도 가로질러 놓여 있다. 지금껏 제대로 들여다보지도 치우지도 않고 그저 어둡게 불을 끄고 있던 자기 방이다. 그 방 안에서 계속해서 발이 걸리고 넘어져 상처를 입어 왔다. 어두운 방 안에서 계속 넘어지고, 더 아팠으며, 계속 더 어질러졌다.

이 방에 환하게 불을 켜는 것이 자기성찰이다. 불을 켜면 방치되어 어질러져 있던 방의 모습이 눈에 들어온다. 온갖 것들로 어질러진 방을 보며 인상이 찌푸려질 수도 있다.

하지만 방에 불을 켜면 그동안 자신의 발을 걸어 넘어뜨리던 것이 눈에 보인다. 어질러진 것들로 걸어 다니기 불편하고 운신의 폭은 좁아도 불을 켠 환한 방에서는 적어도 발이 걸려 넘어지지는 않는다. 그러면서 이제 눈에 보이는 것들을 하나하나 정리할 수 있다. 버릴 것은 버리고, 제자리에 둘 것은 제자리에 둘 수 있다.

그렇게 하다 보면 조금씩 정리되는 방이 보이고, 덜 넘어진다. 무엇보다 쾌적하고 살기 편해진다.

방은 곧 자신이고 자기 삶이다. 방치해서 어질러진 자기 삶이다. 어린 시절부터 제대로 돌보지 않았던 감정, 상처, 원한, 죄책감 등 널려 있는 것들은 불 꺼진 방에서 발을 걸었고, 계속 거기에 걸려 넘어져 왔다. 그럼에도 불을 켜서 어질러진 방을 마주 보려 하지 않았기에 이 상황은 변화되지 않았던 것이다.

자기성찰을 통해 자신이 무엇에 걸려 반복적으로 넘어지는지 알게 된다면, 그리고 그 문제들을 하나씩 하나씩 정리해 나간다면 한결 자유롭고 평온한 삶을 사는 것이 가능해질 것이다. 이러한 자기성찰을 통해 자신을 있는 그대로 이해하고 수용할 수 있어야 회복이 시작되고 회복의 유지가 가능하다.

자기성찰은 자기 자신에게 다음과 같은 질문을 던지는 것이다.

- 나는 왜 술을 마시게 되었는가?
- 술을 마실 때의 나의 생활이 어떠했는가?
- 술을 마시기 전의 나는 어떤 사람이었는가?
- 과거의 나는 어떤 꿈을 가지고 있었는가? 그리고 그 꿈을 이루기 위해 어떤 노력을 하였는가?
- 나의 어린 시절은 어떠했고 무슨 생각으로 살았는가? 행복했는가?
- 지금의 나는 어떤 사람인가?
- 지금 나의 꿈은 무엇인가? 그리고 그 꿈을 위해 나는 무엇을 하고 있는가?

이러한 질문 외에 특히 깊이 성찰해야 하는 것이 있다.

먼저 가족과 자기 자신에게 피해 준 것이 무엇인지 알아보는 것이다. 중독자의 자기중심성은 다른 사람이 자기로 인해 어떤 피해를 입었는지 잘 이해하지 못하게 하고 남을 배려하지 못하게 한다. 회복 과정에서 중독자는 가족이나 주변 사람들에게 어떤 피해를 주었는지 깊이 있게 생각해 보아야 한다. 지금까지 살아오면서 가족에게 말이나 행동으로 잘못했던 점을 성찰하고 반성하면서 용서를 구하는 시간을 가져야 한다.

또한 자기 자신에 대해서도 마찬가지이다. 중독으로 자기 건강을 해치고 귀중한 시간을 낭비한 것, 자존감과 양심에 상처를 준 것을 생각해야 한다. 있는 그대로의 자기를 잘 살펴보고 상처를 다독여 주면서 상처 준 자신을 용서할 수 있어야 한다.

조심해야 할 것은 이렇게 지난 시간을 되돌아보는 과정에서 지난 일에 대한 후회로 자기연민의 감정에 사로잡힌 나머지 이를 음주의 핑계로 삼지 않아야 한다는 것이다.

또 다른 성찰의 주제는 자신이 지금까지 살아오면서 어떤 역할을 하며 살아왔는가이다. 지금까지 살아오면서 인간으로서 도리를 제대로 해 왔는지를 성찰한다. 자기는 어떤 아버지 또는 어머니였는가? 어떤 자식이었는가? 어떤 배우자로 살았는가? 어떤 형제자매로, 어떤 친구로 살았는가?

이렇게 자신의 모습을 돌아보는 과정에서 자기가 인간으로서 해야 할 도리를 하지 못했다는 것을 알게 된다면 지금부터라도 자기 역할을 제대로 해 나가기 위해 노력해야 한다.

자기성찰을 위한 좋은 방법으로 자서전과 일기 쓰기를 제안한다. 예를 들면, 태어나서 지금까지 삶을 되짚어 보며, 자신의 생각과 감정, 그리고 언행, 숨은 욕구 등을 적어 본다. 그리고 그것을 3~4주 후에 다시 읽어 보면 자신을 좀 더 객관적으로 바라볼 수 있다. 이 과정을 여러 번 반복한다면 그때마다 자신의 모습은 더욱더 객관적으로 보일 것이며, 자신에게 숨겨진 왜곡된 생각을 알아차릴 수 있다. 많은 사람들은 어린 시절 자신의 욕구를 정확하게 알지 못하고, 이로 인해 상황을 오해하는 경우가 많다. 이런 오해로 인한 상처가 지금까지 남아서 자신은 물론 상대에 대한 원한과 미움 등을 갖고 있다. 또한 이로 인한 관계의 어려움을 경험한다. 글쓰기를 통해 자신의 숨겨진 욕구와 상황에 대한 올바른 이해를 하게 되면 오해에 근거한 많은 상처들이 해소되고 감정들이 풀어지게 된다. 이는 현재의 인간관계나 자기를 수용하는 데 도움이 된다.

이 외에도 자신이 어느 때 힘들었는지, 어느 때 즐겁고 행복했는지 등을 생각하고 적는다. 인생 그래프를 그려 보면서 자기를 성찰할 수도 있다. 오늘 하루를 성찰하면서 일기를 쓰는 것도 자기 이해와 정리를 위해 도움이 된다. 이외에도 전문가의 상담을 받는 것, 명상하기 등 역시 좋은 방법이다. 이 모든 작업들은 자기성찰을 하는 데 좋은 도구가 될 것이다.

자신에 대한 깊은 성찰을 통해 자신이 귀중한 존재임을 자각하고 사랑할 수 있게 된다. "이만해도 괜찮아."라며 자기를 토닥이고 보살필 수 있다. 지난 잘못을 용서하고 자기에게 감사하게 된다. 회복을 잘하는 사람은 자신에 대해 긍정적으로 사고하면서 회복에 대해 자신감을 가진다. 과거에 열등감을 가지고 스스로를 학대했던 것을 용서한다. 또 자신이 가진 장점과 강점을 파악하여 자기를 잘 꽃피울 수 있다. 자신을 제대로 알게 될 때 자신을 진정 사랑할 수 있게 된다.

회복 중인 중독자임을 기억하라

　자신이 회복 중인 중독자임을 잊고 싶을 때도 있고, 자기도 모
르게 잊어버릴 때도 있다. 단주를 하면 자신은 이미 더 이상 술
을 마시지 않으니 중독의 시간들은 없었던 것처럼 지우개로 지
워 버리고 싶을 수도 있다. 과거를 없던 것처럼 부인하고 처음부
터 새롭게 인생을 시작하고 싶은 마음일 것이다. 단주 후부터의
자신만 자신이고, 그 이전의 자신은 자신이 아니었다고, 술 때문
이었다고 모른 척하고 싶다.

　회복 중인 중독자임을 자꾸 잊는다는 것은, 중독과 그로 인해
빚어진 현재를 외면하고 싶은 마음이다. 이는 기억을 떠올리게 하
는 모든 것을 거부하는 적극적인 부정의 모습일 수도 있고, 술을
마시지 않는 지금의 모습으로 원래부터 술 문제가 없었던 사람인
것처럼 은근슬쩍 묻어 두고 가려는 소심한 모습일 수도 있다.
　때로는 어느 정도 이어진 평화로운 삶에 자신이 중독자였던 것
이 어쩌면 오해가 아니었을까 하는 의심을 스멀스멀 하기도 하고,
아예 말 그대로 기억의 뒤편으로 처박아 의식에서 지워 버리고자
시도한다. 하지만 이는 정직하지 못한 모습이기에 정작 자신은 괴
롭다. 그리고 무엇보다 정직하지 못하면 성장할 수 없다.

　자신이 중독자임을 잊는 것은 자신의 일부를 부정하는 것이
다. 자신이 중독을 경험했고, 회복 중인 중독자라는 사실은 키가

크다거나 작다거나 하는 것처럼 분명한 사실이고 어쩔 수 없는 것이다. 이를 부정하는 순간 지나치게 긴 바지를 땅에 질질 끌고 다니게 되거나 낮은 문지방에 머리를 부딪쳐 혹이 나게 될 것이다.

중독자는 혹이 나는 정도로 끝나지 않는다. 회복의 과정에서 발생하는 우월감, 교만, 권태 등은 자신이 중독자임을 잊은 결과이다. 그리고 그 끝에는 재발이 있다.

자신이 회복 중인 중독자임을 기억하고, 인정하고 받아들여야 한다. 그리고 술을 마시지 않은 지금에 감사해야 한다. 단주 전의 나도 나고, 단주 후의 나도 나다. 모두가 자신의 일부이고 경험이다. 경험 자체에 좋고 나쁜 것은 없다. 경험을 어떻게 받아들이고 활용하느냐에 좋고 나쁨이 있을 뿐이다. 과거를 인정하고 받아들일 때 새로운 출발이 비로소 가능해진다.

중독자임을 잊지 않고 계속해서 기억하기 위한 좋은 방법으로 꾸준하게 AA나 회복 프로그램에 참여하고, 자신보다 어려운 사람(현재 중독으로 고통 받는 사람)을 도와주는 것(메시지 전하기 등)을 게을리하지 않는 것이다. 이는 자신의 입으로 계속 자신이 알코올 중독자임을 고백하게 하는 방법이자, 자신의 모습을 거울처럼 마주 보게 하는 방법이다. 이를 통해 자신이 회복 중인 알코올 중독자임을 자각하고, 회복을 위한 노력을 지속하면 성장할 수 있다.

N씨는 중독에서 회복하면서 자신과 같은 중독으로 어려움을 겪고 있는 사람들을 돕고자 하는 마음에 사회복지사가 되었다. 남들보다 조금 늦기는 했지만 어릴 때부터 머리가 좋았고, 사회생활 경험도 있어 어렵지 않게 공부를 마치고 사회복지관에 취업할 수 있었다. 나이도 많고 사회복지사 2급 자격만을 갖고 있었지만 자신이 회복자임을 밝히고 사명감을 갖고 일하겠다는 의지를 표명한 것이 면접에서 플러스가 된 것 같았다.

알코올 중독자가 많고 골치 아픈 사례가 많아 남들이 모두 꺼리는 지역사회 임대아파트 지역의 사례관리를 일부러 나서서 담당하며 일을 시작한 N씨는 누구보다 열심히 일했고, 또 잘했다. 자신의 도움으로 회복을 시작하는 사람들을 보며 누구보다 기뻐했고, 그것만으로도 더 바랄 것이 없을 것 같았다. 주변 사람들이 칭찬하고 격려하는 것도 많은 힘이 되었다.

N씨는 이 일을 통해 성취감을 느끼고 중독자를 돕는 일이 무엇보다 중요하기 때문에 자신은 AA에 참석할 시간이 없다고 생각했다. 다른 중독자들을 바라보고 돕는 일에 몰두하면서 정작 자신을 성찰하는 시간은 점점 줄어 갔고, 어느 순간부터 자기성찰보다는 내담자만을 바라보게 되었다.

그러면서 이런 자신의 모습이 사명감에 불타는 열정적인 사회복지사의 모습이라 만족해했다. 어느 누구보다 잘하고 있기에 전문가로서 배우고 더 발전해야 할 필요성을 전혀 생각하지 못했다. 어쩌다 만나는 선배 회복자들의 조언도 무시하기 일쑤였다.

점차 일을 하는 시간이 길어지고, 복지관에서의 경력이 쌓여 갈수록 일에 대한 자신감도 생겼다. 점점 자신보다 한참 어린 직원들이 풋내기같이 느껴졌고, 자신만큼 능수능란하게 일을 해내는 직원이 없는 것처럼 여겨졌다.

그러면서 점차 자신이 하는 일에 비해 대접을 못 받는 것은 아닌가 하는 생각이 조금씩 들기 시작했다. 제일 힘든 임대아파트 사례관리 일만 맡길 뿐 아무리 사회복지사 2급이라지만 승진을 제대로 시켜 주지 않는 것 같아 불만도 쌓여 갔다. 나이 어린 팀장에게 잔소리를 들으며 자신이 회복자라 이런 대접을 받는 것은 아닌가 하는 생각도 하게 되었다. 팀장이 아무리 정신건강사회복지사이기는 해도 알코올 중독에 대해서는 자신만큼 잘 알 수 없다고 생각했다. 이런 생각은 점차 확신이 되어 갔고, 팀장의 지시도 귓등으로 흘리던 N씨는 점차 복지관 내에서도 입지를 잃어 갔다.

N씨는 이 모든 것이 자신이 회복자라고 차별하는 직원들 때문이라 생각하며, 이제 사람들을 만나도 자신이 회복자라는 이야기를 하지 않게 되었다. 그 사실이 오히려 해가 되는 것만 같았다. 점차 직원들과의 갈등이 심해지면서 이를 자신의 문제로 보기보다는 사람들이 회복자라고 자신을 무시하기 때문이라고 판단하면서 복지관을 그만두고 말았다.

오랜만에 AA를 찾아갔으나 어색함과 불편함을 느꼈고, 새로운 직장을 찾아보았으나 자신의 가치를 제대로 알아봐 주는 사람이 없다는 불만이 점점 커져 갔다. 회복자이기 때문에 제대로 인정받지 못하는 것만 같아 여기저기 불평불만을 토로하였지만, 자기편을 들어주는 사람은 없었고, 스스로 고립되던 끝에 결국 다시 술을 마시게 되었다.

회복 중인 중독자라는 주홍글씨를 받아들여라

자신이 회복 중인 중독자임을 기억하는 것은 과거 음주 당시의 시간들이 남겨 준 부정적 평판이나 풀어 가야 할 많은 숙제를 함께 받아들이는 것이다. 이는 자신이 회복 중인 중독자라는 주홍글씨를 받아들이는 것이다.

술에 취하지 않은 맨 정신으로 과거 술에 취해 있던 자신의 모습을 의연하게 직면하는 일은 쉽지 않을 수 있다. 술을 마시기 위해, 그리고 술에 취해 저질렀던 수많은 만행은 가족은 물론 세상 사람들의 비난을 받을 수밖에 없는 모습이었다는 것을 인정해야만 하기 때문이다. 남들의 눈에는 보이지 않은 자신의 머릿속과 마음속에서 저지른 수많은 짓은 제외한 것인데도 너무나 많고 너무나 부끄럽다.

술에 취해 있던 시절 자신의 모습을 객관적으로 직면하게 되면, 그리고 받아들이면 과거 자신의 모습에 대하여 시간이 지난 지금까지 여전히 남아 있는 사람들의 비난을 이해할 수 있게 된다. 예전에 비난 받을 짓을 했다고, 그렇게 살았었다고 인정하는 것이 편하다. 지금은 더 이상 아니라고, 지금은 달라졌다고, 그러니 다르게 봐 달라고 애쓰고 매달릴 필요가 없다.

쉽게 변하지 않는 가족과 주변 사람들의 시선을 바꾸기 위해 안달복달하다 보면 자신만 힘들어지고, 원망하는 마음만 쌓여 간다. 자신이 달라졌으니 인정해 달라고 고집 부리는 모습보다는 과거 자신의 모습을 있는 그대로 인정하고 받아들이는 모습이 오히려 사람들로 하여금 자신을 다르게 보게 한다. 그리고 이제는 달라진 모습으로 묵묵히 살아가면 된다. 과거의 모습을 지우는 것은 그 모습과 싸워야 가능해지는 것이 아니라, 받아들이며 새로운 모습을 보여 줌으로써 가능해진다.

사람들의 시선이 변화하는 데는 시간이 필요하다. 어쩌면 술에 취해 있던 시절 만큼의 시간이 필요하다고 생각해 버리면 오히려 마음이 편할 수도 있다.

주변 사람의 반응뿐 아니라 중독자에 대한 사회적 차별과 편견도 분명히 존재한다. 이는 엄연한 현실이다. 차별과 편견이 당연한 것이라고 동조할 순 없지만 그렇다고 이를 부정할 수 없다. 회복 중인 중독자로서 이를 부정하거나 그것에 연연하다 보면 계속해서 상처받을 수밖에 없다. 그리고 계속 상처를 받는다면 사회에 적응할 수가 없다. 인정하고 받아들여야 한다.

사회적 차별과 편견을 바꾸어 가는 것은 그다음의 일이다. 인정하고 받아들여 사회에서 자신의 역할을 해 나가는 모습으로 서서히 바꿔 가야 할 일이다.

단주를 시작한 후 술 없이 살아가는 일은 만만치 않다. 중독자로서 술을 마시지 않고 살아가는 것 자체가 스트레스인데다, 단주 후 맞닥뜨리게 되는 현실은 몹시도 버겁다. 단주 직후의 스트레스와 힘겨운 현실에 이런저런 불평불만이 생기며 차라리 술마실 때가 나았다는 생각이 들기도 한다.

하지만 정직하게 되돌아보면, 단주 중인 지금이 아무리 힘들다고 해도 술에 취해 아무런 희망을 갖지 못할 때보다는 낫다는 진실을 부정할 수 없다. 술로 인해 정말 힘들었던 시간들, 술만 안마실 수 있다면 다른 건 다 괜찮다고 생각하던 그때의 자신을 떠올려 본다면 술에 취하지 않은 지금의 자신이 얼마나 감사한지자각할 수 있다. 단주의 과정이 아무리 힘겨울지언정, 술에 취하지 않은 앞으로의 시간들은 지금보다 더 나아질 것이라는 희망이라도 가질 수 있기 때문이다.

그저 과거의 자신을 떠올리는 것만으로 부족하다면 지금 현재술로 인해 힘든 상황에 처한 다른 사람들을 돕는 일이 도움이 된다. 과거 자신의 모습을 닮아 있는 누군가를 돕다 보면 지금 자신의 상황이 얼마나 감사한 것인지에 대해 새롭게 인식할 수 있다.

현실이 팍팍해 감사할 일이 아무것도 없다고 해도 그저 오늘하루 술을 마시지 않고 지나간 것만으로도 감사할 수 있다. 만만치 않은 현실이지만 그럼에도 술에 취하지 않은 상태로 오늘 하루를 마무리할 수 있다는 것은 회복 중인 중독자에게 그 무엇보다 감사한 일이다.

감사의 내용을 구체적으로 기록해 보는 것은 감사하는 마음을 지속하고 행복해질 수 있는 간단하지만 효과적인 방법이다. 하루를 마무리하는 조용한 시간, 오늘 하루 단주하며 좋았던 경험이 무엇이었는지 기록해 볼 수 있다. 아침에 일어나서 속이 편안하고, 끊어진 기억에 대한 불안함이 없으며, 직장과 가정에서 떳떳하고 눈치를 보지 않았던 시간의 감사함을 떠올려 볼 수 있다. 이러한 감사 일기는 자신에게 주어진 감사의 시간들을 기억하고 더 많은 감사를 찾아낼 수 있는 좋은 방법이다.

감사의 마음을 다시 되돌려 주는 것은 감사와 행복을 크게 할수 있는 또 하나의 훌륭한 방법이다. 누군가에게 신세를 졌거나 은혜를 받았다면 평생을 두고 감사하며 이를 갚아 나가야 한다. 자신의 회복에 힘이 되어 준 AA모임에 감사한 마음을 되돌려 주고 싶다면 모임을 위한 봉사를 하거나 메시지를 전달하는 것이 그 방법이 될 것이다. 기부를 하는 것도 방법이다. 이 시간들은 또다시 자신에게 감사와 행복으로 되돌아오게 될 것이다.

이렇게 하루하루 감사하며 사는 것이 곧 행복이다. 감사는 행복을 불러오는 마중물과 같다. 감사하면 행복이 따라온다. 인간이라면 누구나 원하는 것이 행복이다. 하지만 중독자는 행복이 무엇인지, 그리고 어떻게 하면 행복한지를 알지 못했기에 술에 의존하여 살아왔다. 간절히 행복을 원했지만 구체적인 행복의 기술을 잘 몰랐기에 술을 통해 그저 고통을 회피하며 살다가 더 불행한 삶을 살게 되었다.

중독자가 술 없이도 지금 여기에서 행복하게 살 수 있는 방법을 배울 때 회복이 가능해진다. 행복은 술을 끊는다고 해서 어느 순간 저절로 굴러오는 것이 아니다. 그러기에 행복할 수 있는 방법을 배워야 한다.

이는 행복에 집착하거나 행복에 연연하는 것과는 다르다. 행복은 과거에 대하여 후회하거나 미래에 대하여 걱정하기보다는 지금 이 상황에서 자기가 해야 할 일, 할 수 있는 일을 하며 지금 여기에서 사는 것임을 알게 되는 것이다. 맑은 정신으로 가정과 사회에서 자신의 해야 할 역할을 할 수 있고 해 나가는 것, 그렇게 사람답게 사는 것이 행복이다.

금단 증상의 극복과 신체적 건강을 위해 힘써라

회복을 위한 지속적인 실천의 첫 번째는 자신의 몸을 돌보는 노력이다. 중독자의 영혼과 마음, 가족 등 많은 것을 손상시킨 술은 이들의 몸 역시 망가뜨렸다. 중독자는 과도한 음주로 몸을 함부로 다루었고 제대로 돌보지 않은 채 방치해 왔다. 회복을 하면서 이러한 몸의 고통을 기억하고, 자신의 몸을 돌봄으로써 그 시간을 보상하는 일이 필요하다.

자기 몸을 돌보는 일의 출발은 단주 후의 금단 증상을 잘 극복해 나가는 것부터 시작해야 한다. 금단 증상은 단주 초기 다시 한 잔의 술을 부르는 강력한 유혹이 된다. 이러한 금단 증상을 잘 극복하기 위해서는 우선 자신이 현재 경험하고 있는 증상들이 무엇인지 인지하는 것이 중요하다. 지금 자신이 경험하고 있는 금단 증상은 이상한 것도, 문제가 생긴 것도 아닌 그저 회복의 과정에서 누구나 겪는 일임을 알아야 한다. 그리고 이 괴로움이 지속되는 것이 아니라 일정 시간이 지나면 분명히 나아지리라는 점을 분명히 기억해야 한다. 불안해하거나 좌절하기보다는 지나가는 과정이며, 때가 되면 사라질 증상임을 믿어야 한다. 물론 의료적인 도움이 필요한 금단 증상도 있다. 이런 경우에는 적절한 치료를 받도록 해야 한다.

이 시간들을 잘 견디어 나가기 위해 끼니를 잘 찾아 먹고 영양 섭취에 신경 써야 한다. 휴식과 수면을 충분히 취하는 것도 중요하다. 무엇보다 먼저 단주를 시작하고 금단 증상을 경험한 회복 선배들과 금단 증상에 대해 많은 이야기를 나누는 방법을 추천한다. 자신의 상태를 이야기하고, 회복 선배들의 경험을 듣는 것은 금단 증상을 경험하며 가질 수 있는 불안을 덜 수 있다.

금단 증상이 아니더라도 중독자는 오랜 기간 동안 마신 술의 영향으로 신체 기능이 나빠져 있고 면역력이 저하되면서 단주 후에도 여러 가지 신체 질환이 나타날 수 있다. 회복의 첫걸음은 신체건강을 회복하는 것이다. 몸이 건강해야 마음도 건강하다는 말처럼 몸이 건강해야 마음이 편안하고 회복에 잘 집중할 수 있다. 신체적인 건강을 위해서 영양가 높은 음식 먹기, 적절한 수면 취하기, 운동하기, 규칙적인 생활하기 등이 필요하다.

회복과 건강관리를 위해 무엇보다 중요한 것은 잘 먹는 것이다. 잘 먹는 것은 몸의 건강뿐만 아니라 회복에도 영향을 미친다. 가장 대표적인 재발 요인으로 꼽히는 '배화고피(배고픔, 화, 고독, 피곤함)' 중 제일 먼저 나오는 것이 배고픔이기 때문이다. 단주 초기의 중독자는 배가 고프면 술 생각이 난다. 그만큼 먹는 것은 단순히 건강관리뿐 아니라 재발을 막기 위해서도 중요하다. 때문에 영양가 있는 음식을 규칙적으로 챙겨 먹어야 한다. 또한 언제든 배고플 때 먹을 수 있도록 간식을 챙겨 두고, 그것을 가지고 다니는 것도 필요하다. 이는 당뇨나 비만이 있는 경우라고 해도 마찬가지이다. 간식을 자제하느라 술을 끊지 못한다면 당뇨나 비만이 나아지기는 어렵다.

잘 먹는 것만큼이나 중요한 것이 적절한 수면이다. 음주는 수면의 질을 떨어뜨리고 불면증을 가져오는 경우가 많기에 회복의 과정에서 망가진 수면 패턴을 바로잡기 위해 노력해야 한다. 또한 피곤하면 재발의 위험성이 높아진다. 적절한 수면을 통해 피곤하지 않도록 하는 것은 재발을 예방할 뿐 아니라 건강에 도움이 되고 마음을 편안하게 한다. 정해진 시간에 안정된 장소에서 잠들도록 노력하면 면역력도 강화된다. 스트레스를 줄이고 적절한 운동을 하면서 수면을 잘 관리해야 한다.

운동은 잘 먹고 잘 자는 데에도 도움이 될 뿐 아니라 그 자체로 건강관리의 중요한 부분이다. 규칙적인 운동은 신체기능을 좋아지게 하고 행복감을 갖게 한다. 매일 일정한 시간과 장소에서 운동하는 것은 좋은 습관을 형성하는 데 도움이 된다. 약간의 땀이 날 정도의 운동은 삶에 생동감을 주면서 회복에 대해 자신감을 갖게 한다.

마지막으로, 규칙적으로 생활하기이다. 생활이 규칙적이어야 마음이 안정되고 회복에 집중하기가 쉽다. 아침에 정해진 시간에 일어나며 정해진 시간에 잠자는 습관을 가지는 것이 좋다. 일정한 시간에 식사하는 것, 일정한 시간에 운동을 하거나 주어진 일을 하는 것 등 규칙적인 생활은 자기조절력을 높여 재발을 예방한다. 이를 위해 잠자리에 드는 시간, 일어나는 시간, 휴식시간 등을 정해 놓고 지키는 것이 좋다.

이러한 노력 외에도 회복 중인 중독자는 단주 후 자신의 몸에 관심을 갖고 살펴야 한다. 오랜 시간의 과도한 음주는 다양한 신체적인 질병을 가져올 수 있고, 술에 취해 있는 동안 느끼지 못했던 증상들이 단주 후에 나타날 수도 있다. 실제로 단주 초기에 크고 작은 신체적 질병을 발견하는 경우가 많다.

신체적인 이상 징후가 나타난다면 서둘러 병원을 찾아 확인하고 조치해야 한다. 중독자는 병원에 대한 막연한 두려움이 있어 병원 가는 것을 기피하는 경우가 있지만, 이는 오히려 병을 키우는 결과로 이어질 수 있다. 적절한 진료와 치료를 통해 건강을 관리해 나가는 것이 중요하다.

감정을 적절히 표현하라

　회복의 과정에서 중독자와 가족들은 감춰지고 억눌린 감정을 풀어내고 해소하는 과정이 꼭 필요하다. 처음에는 쉽지 않을 것이고, 섣부르게 시도한 감정의 표현이 더 큰 상처로 되돌아오기도 하겠지만 포기할 수 없는 일이다. 자신의 삶이 편안하고 풍요로워지기 위해서, 또한 건강한 가족관계와 대인관계를 위해서 감정을 돌보는 것은 선택이 아닌 필수이다. 자신이 진정한 감정의 주인이라면 자신의 감정을 다룰 수 있어야 하며, 이는 강압적인 방식이나 외면이 아닌 자신의 감정을 돌보는 것을 통해 가능해진다.

　감정을 돌보기 위해 먼저 자신의 감정을 느끼고 인식할 수 있어야 한다. 감춰지고 억눌린 시간 속에 스스로를 감추고 변형시켜 버린 감정을 직면하여 진짜 감정을 만나야 한다. 감정의 변화나 감정이 일어나는 과정을 민감하게 느끼고 아는 것이 중요하다.

　이를 위해 자신의 이야기를 듣고 공감해 주는 전문가와 함께 감정을 해소하는 작업을 하는 것이 좋다. 회복 동료나 주변 지인들과의 나눔만으로는 부족하다. 자신이 왜 이렇게 감정을 누르고 표현하지 못하며 살았는지 알아야 하고, 어떠한 감정들이 숨겨져 있는지를 알아야 한다. 이러한 과정에서 전문가의 도움이 필요하다.

　자신의 감정을 돌보기 위한 또 하나의 방법은 일기 쓰기이다. 자신의 언행과 감정, 생각을 기록으로, 글로 남겨보는 것이다.

먼저 자신의 언행과 감정을 써 보는 것이 좋다. 이는 즉각적으로 느껴지고, 눈에 보이는 것이기에 쉽게 발견된다. 그 후 왜 자신이 그런 언행을 했고, 그런 감정을 느꼈는지에 대한 숨겨진 생각을 써 보는 것이다. 숨겨진 생각은 자신의 욕구나 기대일 수 있다. 다양한 상황에서 불현듯 솟구치는 욕구나 기대가 존재한다. "내가 이렇게 말하면 좀 웃으면서 대답해 주지" "알아서 좀 해 주지"와 같은 생각들이 순간적으로 들어올 수 있다. 이를 통해 자신의 일방적인 기대나 욕구 등을 알 수 있고, 자기중심성이나 사랑받고 싶은 마음과 같은 깊숙이 자리 잡고 숨어 있었던 자신의 모습을 인식하기도 한다.

이렇게 감정의 밑에 숨겨져 있는 욕구나 기대를 알아차리게 되면 자신의 감정을 보다 분명하게 느끼게 되고 잘 돌볼 수 있다. 또한 이로 인한 감정과 언행이 자신의 삶과 관계에 어떠한 영향을 미치고 있는지도 알 수 있게 된다.

그 내용이 무엇이든 써 보는 것이다. 공책이든 스마트폰이든 무엇이든 가능할 것이다. 그리고 1～2주 후에 이를 다시 읽어보면 자신을 알아가는 데 도움이 된다. 이도 저도 싫다면 전신 거울 앞에서 거울 속의 자신과 대화를 나누어 보는 것도 좋다.

이렇게 인식된 감정이 적절하게 표현되기 위해서는 훈련이 필요하다. 특히 가족과의 대화에서 이러한 훈련은 더욱 중요하다. 중독자와 가족은 서로 간에 자신의 이야기를 하고 상대의 이야기를 듣는 일대일의 대화를 제대로 나누어 본 적이 없다. 많은 말이 오간 것 같지만 이는 자신의 이야기라기보다는 술을 핑계로 한 실체를 알 수 없는 감정 폭발이거나 아무도 듣지 않는 잔소리일 뿐이었다. 잘 표현하지도 못했지만, 잘 들어주는 사람도 없었다. 중독자의 이야기는 술주정이라 무시당했고, 가족의 이야기는 술 취한 중독자에게 들리지 않았다. 그래서 이들은 자기 이야기를 제대로 하지 못했을 뿐 아니라 서로가 무슨 말을 하는지 듣지 못했고, 서로의 마음이 어떠한지 잘 알지 못한다.

술 없이 자신의 이야기를 나눌 수 있어야 한다. 나―전달법은 그저 '나는 ~'으로 시작하는 말의 기술이 아니라 진정 자신의 이야기를 하는 것이다. 자신의 이야기를 하는 것이, 특히 자신의 감정을 표현하는 것이 서툴겠지만, 그래서 실수를 거듭하겠지만, 그럼에도 시행착오를 겪으며 훈련을 반복하는 것 밖에 다른 방법이 없다.

처음에 대화를 시작하고 자신의 마음을 이야기하려 하면 무슨 얘기를 어떻게 해야 하는지 막막할 수 있다. 이전의 방식이 아닌 다른 방식이어야 하지만 정작 다른 방식이 어떤 것인지 알지 못한다. 모를 때는 배워야 한다. 감정을 표현하는 것이나 대화를 잘하는 것은 그저 시간이 간다고 저절로 해결되는 것이 아니다. 돈과 시간을 투자해서 적극적으로 찾아가서 배우고, 연습해야 한다. 처음에는 서툴고 어색할 수 있다. 싸울 수도 있다. 시간이 필요할 것이다.

쉽게 다스려지지 않는 자신의 감정을 돌보는 방법으로 산책이나 명상이 도움이 된다. 걸을 때 음악을 듣지 말고 그냥 걷는 것이 좋다. 명상을 할 수 있으면 더 좋다. 명상의 방법에 대해 너무 어렵게 생각하거나 이것저것 따지기보다는 일단 척추를 똑바로 세우고 앉아서 몸을 이완시킨 후 자신의 호흡에 집중하는 것만으로도 좋은 명상이 된다. 이렇게 앉아 있는 것이 조금 익숙해지면 이후 명상을 제대로 배우는 과정을 시작한다.

12단계의 실천이나 개인치료, 집단상담(감수성 훈련 참여 등)을 통해 자기 표현을 계속 연습하는 것도 도움이 될 것이다. 무엇보다 중독자가 자기를 있는 그대로 인정하고 수용하여 자존감이 높아지고 자기를 사랑하면 다른 사람의 입장을 좀 더 배려할 수 있고 상대와 상황에 맞추어 자기감정을 자연스레 표현하게 된다.

이러한 다양한 노력에도 불구하고 감정이 적절하게 다루어지지 못하고 반복적으로 감정을 폭발함으로써 자신과 타인에게 해를 입히는 증상이 계속된다면 이에 대한 전문적인 치료를 받는 것도 고려해 봐야 한다.

O씨는 병원 입원 초기 감정 조절이 안 되고 주먹으로 벽을 치는 등 과격한 모습을 보이거나 면회 온 아내를 때리려고 하는 등 감정이 폭발하는 모습을 보였다. 워낙 체격이 크고, 목소리도 큰 사람이었기에 O씨의 이러한 모습은 가족들은 물론 병원 직원들에게도 공포스러울 정도였다.

병원 의료진은 O씨의 과격한 행동은 제지하면서도 안전한 공간을 마련하여 버럭버럭 소리만 지르는 O씨의 이야기를 계속해서 들어주었고, 더 표현하도록 격려했다. 치료진과 이야기를 나눌 수 없을 때에는 글로 자신을 표현할 수 있도록 연습하였다. 치료 프로그램의 하나인 명상을 적극적으로 하기 시작했고, 자유시간을 이용해서 혼자만의 명상을 하기도 했다.

시간이 흐르면서 처음에는 소리만 질러대던 O씨는 점차 자신의 이야기를 하기 시작했다. 치료진에 대한 신뢰가 생기자 치료진에게 자신의 감정을 조금씩 털어놓기 시작했고, 이를 잘 받아 주는 치료적 환경 속에서 자신의 감정을 다스려 가는 훈련을 시작했다.

늘 선 채로 온몸을 휘둘러대던 위압적인 모습은 사라지고, 목소리가 작아지고, 자신이 무슨 말을 하고자 하는지에 대해 생각하는 모습을 보이기 시작했다. 서툴지만 진심을 담은 말을 하기 시작했다. 집단상담에서도 자신이 갑작스럽게 병원에 갇히게 되면서 너무나 무서웠고, 가족들로부터 버림받을 것에 대한 두려움과 함께 자신을 가둔 가족에 대한 분노가 심했다고 표현했다. 사람들이 자신을 만만하게 볼까 봐 더 크게 목소리를 내기도 했다고 고백했다. 자신은 그저 자신을 보호하기 위해 큰 목소리를 냈을 뿐이라고 생각했지만, 자신의 험악한 인상과 큰 목소리, 커다란 몸집이 다른 사람들에게 충분히 위압적일 수 있었을 것이라는 점도 이해하기 시작하였다.

가족과의 만남에서도 이러한 변화된 모습이 감지되기 시작했다. 한동안은 직접 부인을 만나기보다는 부인에게 하고 싶은 이야기를 편지로 써서 전달하는 방식을 진행했다. O씨의 부인 역시 따로 시간을 내어 남편과의 의사소통에 대해 상담 받고 연습했으며, O씨의 편지에 답장으로 자신이 O씨의 폭력적인 언행 때문에 너무 무서웠음을 표현하기도 했다. 특히, O씨는 자신이 가장 아끼는 늦둥이 막내딸이 자신을 무서워한다는 편지를 받고는 눈물을 보이기도 하였다.

시간이 가면서 병원에서 대화를 시작한 O씨와 부인은 서로의 이야기를 하고자 노력했다. O씨는 자신이 가족들로부터 왕따를 당한다는 생각에 어떻게든 자신의 이야기를 들려주고 싶었다고 고백했다. O씨는 그동안 아내가 자신의 음주로 그토록 힘들어했음을 알지 못했다. 그저 자신을 무시하고 피한다고만 생각했지, 자신의 언행이 가족들을 공포에 떨게 했다는 것도 지금에서야 알게 되었다.

병원에서 퇴원한 이후에도 O씨는 다양한 회복 프로그램과 AA 등에 참여하였다. 특히, 명상을 통해 평온한 마음을 갖기 위한 노력을 지속하였다. 그러한 노력이 쌓여 가면서 15년 이상의 단주를 유지해 가고 있는 O씨는 지금은 어떤 상황에 처해도 과격한 분노를 한다거나 감정적으로 대응하는 경우가 별로 없고, 차분하게 대처하고 있었다. 심지어 이전과는 확연히 다른 눈빛과 표정은 과거의 험악한 인상을 전혀 상상할 수 없을 만큼 온화해 보였다.

봉사를 실천하라

회복은 진정한 어른이 되는 것이고, 이는 자기중심적인 삶에서
벗어나 주변과 공동체를 생각할 수 있는 사람이 되는 것이다. 자
신의 관심이 자기 자신에게로, 가족에게로 그리고 이를 넘어 주
변 사람들과 사회 공동체로 확대되는 이타적인 삶이 회복이다.
그리고 자기중심성에서 벗어나 공동체로 확대되는 이타적인 삶
의 실천은 봉사이다.

자신의 회복을 위해 일정한 돈과 시간을 투자하여 봉사와 기부
를 하기를 권한다. 예를 들어, '일주일에 2시간을 봉사하겠다', 또는
'월급의 10%를 기부한다'와 같은 구체적인 목표를 정하고 이를 실
천하기 위해 노력하는 것이 좋다. 바쁜 와중에서도 봉사를 위한 시
간을 만들어서 봉사해야 한다. 돈이 많거나 시간이 남아서 하는 것
이 봉사이고 기부라는 생각은 잘못된 생각이다. 기부와 봉사, 봉사
를 하기 위해 오가는 시간, 봉사를 하는 시간, 그리고 이를 위해 사
용되는 비용 모두는 자신의 회복을 위한 투자이다.

1회에 그치는 봉사도 있지만 꾸준히 할 수 있는 봉사도 있다.
지속적인 봉사는 자기를 자각하도록 하면서 자존감을 높이고 삶
의 보람을 느끼게 한다. 봉사는 혼자서 해도 되지만 처음에는 뜻
이 맞는 사람과 함께 하는 것이 좋다.

타인에게 관심을 갖고 봉사나 기부를 실천하는 것은 결국 자기
자신을 위한 것임을 기억하는 것이 중요하다. 다른 사람을 돕는

과정에서 느끼는 뿌듯함과 보람은 스스로에 대해 긍정적 인식을 갖게 하고 자신을 사랑하게 한다. 봉사나 기부의 과정에서 얻는 만족감과 기쁨은 삶의 질을 높인다.

그렇기에 타인에 대한 관심과 봉사는 결국 자신을 돕고, 자신을 사랑하는 행위인 것이다. 특히, 회복을 원하는 다른 중독자를 돕는 것은 봉사의 기쁨과 보람뿐 아니라 특히 자신의 문제를 자각하고 회복의 열망을 공고히 하는 데 도움이 된다. 회복의 기쁨을 생생하게 느낄 수 있고, 자존감이 높아진다.

봉사나 기부를 통해 오히려 자신이 도움 받고 있음을 제대로 이해하면 봉사나 기부를 이유로 거들먹거리거나 뭔가 대가를 바라는 마음을 갖지는 못할 것이다. 또한 봉사나 기부에 대해 생색을 내거나 영향력을 행사하려고 하는 것은 오히려 자신에게 해가 될 수 있음도 이해할 것이다. 생색을 내거나 영향력을 행사하려는 마음 안에 교만이 쉽게 스며들게 되고 이는 곧 재발의 위험이 될 수 있기 때문이다. 왼손이 하는 일은 오른손이 모르게 진행하고, 기부를 하는 경우에도 익명으로 하는 것이 좋다. 대가를 바라지 않고 봉사와 기부를 실천할 때 기적이 일어날 수 있다.

봉사를 하며 기억해야 할 것은 봉사도 자기 일을 잘 하면서 해야 한다는 것이다. 자기 일을 모두 내팽개치고 봉사에 몰두하는 것은 봉사라 할 수 없다. 그저 현실도피일 뿐이다. 자신의 마땅히 해야 할 일을 미뤄 둔 채 하는 봉사는 가족의 희생을 요구한다. 또 다른 의존이다. 가족 입장에서는 술 마실 때와 다를 바 없다.

스트레스를 관리하라

중독자에게 스트레스는 술에 취할 수 있는 좋은 핑곗거리였다. 그러기에 스트레스를 관리할 필요성도, 관리할 기회도 없었다. 그저 술에 취하면 끝이었다. 하지만 단주를 시작하면 언제든 재발의 방아쇠가 될 스트레스를 잘 관리하는 것이 회복을 위한 필수적인 노력이 된다.

스트레스를 잘 관리하기 위해서는 자신이 스트레스를 받고 있음을 민감하게 인식하고, 어떤 상황이 스트레스를 일으키고 있는지를 파악하는 것이 우선이다. 중독자는 그 누구보다 스트레스를 많이 느끼면서도 정작 스트레스를 받고 있다는 것을 인지하지 못하는 경우가 많다. 그저 괜찮다고 여기거나 막연한 불편감만을 느끼기도 한다. 때문에 스트레스의 원인을 알아차리지 못하고 적절하게 대처하지 못한다.

스트레스의 원인은 다양하다. 중독자에게는 자신이나 타인에 대한 분노, 짜증, 열등감, 공허감, 무료함, 자존심의 상처와 같은 심리적 불편뿐 아니라 배고픔이나 피로감, 수면 부족 등의 신체적인 불편 역시 스트레스로 작용한다. 때문에 중독자는 평소 자기 몸 상태와 심리상태를 잘 살펴보고 관리해야 한다. 이를 위해서는 몸 마음챙김, 호흡 마음챙김, 정서 마음챙김 등 마음챙김 명상을 실천하는 것이 도움이 된다.

스트레스가 생겼을 때 건강하게 대처하는 것도 스트레스 관리에서 중요하다. 술을 마시던 시절의 유일한 스트레스 대처 방법은 음주였다. 하지만 음주가 결국 더 큰 스트레스를 불러 온다는 사실을 잘 알게 된 지금, 더 이상 그 방법은 무용지물이다. 스트레스에 대처할 새로운 방법이 필요하다.

스트레스와 이로 인해 발생하는 재발을 예방하기 위해 건전한 취미활동을 갖는 것이 좋다. 중독자는 과거 술만이 고통을 잊게 해 주고 마음을 편안하게 해 준다고 생각했지만 단주를 하면서 음주 외에 즐거운 일들이 많음을 체험하면서 회복을 잘 유지하게 된다. 운동하기, 예술 활동하기, 여행하기, 요리하기, 반려동물 키우기, 식물 키우기, 독서하기 등 보다 건전한 몰입의 대상을 찾아야 한다. 그리고 이러한 활동을 통해 지속적인 즐거움을 느낄 수 있어야 한다.

대인관계에서의 갈등이나 주변의 지지가 없는 것, 미래에 대한 희망의 상실, 삶의 의미가 없는 것 등도 스트레스의 이유가 될 수 있다. 이렇게 외롭거나 힘들 때 믿을 수 있는 누군가에게 감정을 표현할 수 있으면 도움이 된다. 지지적이고 긍정적인 인간관계는 스트레스 상황을 줄이고, 스트레스에 대한 건강한 대처를 가능하게 한다.

자연과 더불어 즐기는 것도 스트레스 해소에 도움이 된다. 사람은 자연 속에서 위로를 받고 배움을 얻는다. 자연과 함께하는 즐거움을 맛보는 습관을 갖는 것은 회복을 잘 유지하게 한다.

노자(老子)는 자연에서 모든 것을 배울 수 있다고 하면서 그중 물의 특성을 강조한 바 있다. 물과 같이 부드럽게 자신이 처한 상황에 따라 유연하게 잘 대처하는 이가 지혜로운 사람이다.

또 자연을 관찰하여 모든 것이 변한다는 사실을 배우면 자기 안의 갈망이나 고통이 일어날 때도 이 또한 사라짐을 알고 잘 다룰 수 있게 된다. 자연의 하나인 사람도 나이 먹고, 늙고, 죽게 된다는 사실을 배운다. 꽃도 나무도 사람의 마음도 모두 변한다. 자연에서 배우고 자연에서 즐기는 것은 회복을 잘 유지해 가는 데 큰 힘이 된다.

새로움에 도전하고 삶을 다양화하라

인간의 성장 발달은 어린아이가 성장해 어른이 되어 가면서 더 다양한 사람을 만나고, 더 넓은 세상을 살아가게 되는 과정이다. 갓 태어난 신생아는 처음에는 자신과 세상조차 구분하지 못하며 자기만의 세계에 한정되어 있다. 그러다 걸음마를 하면서 점점 넓은 세상으로 나아가고, 말을 배우면서 보다 많은 사람들과 만나게 된다. 이 아이는 학교에 가면서 가족을 벗어난 더 넓은 세상에서 많은 사람을 만나게 되고, 어른이 되면서 사회로 나아간다.

어떤 사람들은 여기에 머무르지 않고, 전 세계, 더 나아가 전 우주적 관심으로 지구를 벗어난 우주까지 새로운 만남을 시도한다. 이러한 물리적 세상의 확대와 함께 자신만의 세계를 가진 다양한 사람들과의 교류를 통한 정신적 세상의 확대는 한 개인이 물리적 몸으로 한정 지을 수 없는 어마어마하게 넓은 세상을 살아가게 한다.

하지만 중독은 이와 반대로 점점 고립되고 자기중심적으로 변해 가는 과정이다. 삶의 반경이 점점 좁아지고 결국 중독의 어느 단계가 되면 주변 사람들과의 관계가 멀어지거나 단절된 채, 혼자 술 마시는 시간이 늘어가게 된다. 어떤 사람의 말도 귀에 들어오지 않고, 다른 무엇에도 관심이 없다. 자신의 세계가 자신의 방 안, 더 좁게는 초록색 술병 안으로 제한된다.

물리적 · 정신적으로 단절되어 가던 중독의 과정을 되돌리는

것이 회복이다. 중독이 단절의 과정이었다면, 회복은 연결의 과
정이다. 술병 속에 갇힌 좁은 세상에서 벗어나, 더 넓은 세상으
로 자신의 세상을 넓혀 가야 한다. 가족과의 눈맞춤과 몇 마디의
말을 시작으로, 더 다양한 많은 사람들과의 관계를 시작해야 한
다. 술병이 널브러져 있던 컴컴한 방문을 열고 나와 세상 밖으로
나아가야 한다.

자신의 세상을 넓혀 가며 다시 사람들과 연결되는 과정은 저절
로 수월하게 이루어지는 것은 아니다. 두려움과 어색함을 견디
며 자신의 두 손으로 문을 열고 나아가 새로운 세상을 만나야 하
고, 새로운 사람을 만나야 한다.

그 과정에서 건강하고 의연하게 살아가는 많은 사람들의 모습
에 자신을 비추어 보며 위축될 수 있다. 자신이 방치했었던 삶의
과업들을 훌륭히 수행해 왔던 사람들―결혼도 하고 일도 하면서
돈 모아 집 사고 아이들도 잘 키워 왔고, 게다가 어른스럽고 모
든 것이 능숙해 보이는 사람들―을 만나며 느끼는 자괴감과 열
등감은 고통스럽기까지 하다.

이러한 불편을 직면하기 싫어 삶의 반경을 술병 바로 옆으로
한정 짓는 사람들이 있다. 여전히 술병 근처 좁은 세상 안에서
빈약한 대인관계를 맺으며 살아가기로 선택하는 것이다. 단주
이후 시간이 지나도 오로지 가족과 AA 멤버들, 그리고 상담센터
나 병원 동료 등 중독의 시간 동안 이어진 인연과만 함께하며 그
세상 안에서만 머무르는 사람들이다.

술 끊고 오랜 시간이 지나도 AA 동료나 전문가와의 관계만이 가능하고 가족을 포함한 다른 사람들과의 관계는 어렵다. 어쩌면 어렵다는 것을 느끼고 싶지 않아서 이러한 관계 자체를 회피하고 있을지도 모른다. AA 동료나 전문가와의 관계는 잘 하고 있으니 자신은 관계를 잘 하고 있다고 착각하면서 자신이 다른 관계를 회피하고 있다는 것을 인식하지 못할 수도 있다.

이들은 단주가 10년이 되고 20년이 되어도 단주 연차만을 따지며 AA모임 안의 어른으로만 살려 한다. 자신의 삶의 의미를 단주 연차를 쌓아 가는 것에만 만족하며 진정한 어른이 되어 가지는 못한다. 이는 졸업하지 않고 계속 초등학교 6학년에 머무르면서 형 노릇을 하고 싶어 하는 덩치만 큰 동네 형의 모습을 떠올리게 한다.

회복이란 단순히 술을 끊는 것이 아니라 '잘 사는' 것이고, 잘 사는 것은 이 사회의 한 사람의 구성원으로, 공동체의 일원으로 역할을 하며 성장하는 삶이라는 것을 기억한다면 이는 진정한 회복이라 할 수 없다.

어색하고 낯설더라도, 때로는 서툴게 느껴져서 두렵더라도 새로운 사람을 만나고 새로운 세상으로 나아가야 한다. 특히, 중독과 상관없지만 나름의 방식으로 열심히 살아가는 사람들을 많이 만나는 것이 필요하다. 그들이 어떻게 살아가는지 배우고, 이해하고 익숙해져야 한다. 이들과 함께 살아갈 수 있는 대인관계 기술을 익혀 나가야 한다. 더 나아가 공동체에 기여할 수 있는 자신의 역할이 무엇인지를 배우고 실천해야 한다.

직업을 갖는 것은 사회적 역할과 경제적 독립이라는 장점 외에 삶의 폭을 넓히고 새로움에 도전할 수 있는 좋은 계기가 된다. 직업을 갖고 일을 시작하게 되면 더 넓은 세상과 더 다양한 사람들 속으로 나아가게 된다.

새로운 관심사를 갖고 취미생활을 시작하며 이러한 취미를 계기로 새로운 사람과 세상에 발을 디디는 방법도 좋은 방법이다. 독서를 통해 자신의 세상을 넓혀 가는 것도 도움이 될 수 있다. 회복의 과정에서 도움이 될 만한 책을 찾아서 읽는 것을 통해, 다양한 간접 경험과 배움이 가능하다.

좋은 관계를 만들고 유지하기 위하여 배우고 애쓰라

좋은 관계는 행복한 삶의 중요한 조건이지만, 중독의 과정에서 가장 많이 망가지는 부분이자 회복 중인 중독자에게 큰 어려움으로 작용하는 부분이다. 하지만 포기할 수 없다. 회복을 위해 좋은 관계를 만들고 유지하는 법을 배우고 노력해야 한다.

좋은 관계를 위해 배우고 노력할 첫 번째는 겸손이다. 여기에서의 겸손은 존중과 같은 의미로 볼 수 있다. 겸손은 상대를 낮추거나 반대로 스스로를 낮추지 않으면서 자기 자신과 상대를 있는 그대로 존중하는 것이다. 이는 좋은 관계를 만들고 유지해 가는 바탕이 된다.

열등감과 우월감이 시소를 타며 오르내리는 중독자는 자신을 누군가의 통제 아래 방치하거나, 상대를 통제하려 애쓰는 상하 관계에 익숙하다. 비굴하게 상대의 비위를 맞추는 것은 자신을 존중하지 못하는 것이며, 누군가를 자기 마음대로 하려는 것은 상대를 존중하지 못하는 것이다. 그리고 이는 동전의 양면처럼 하나이다.

겸손함을 바탕으로 한 존중은 자신의 당당함도 인정하고, 상대의 당당함도 인정할 때 가능하다. 비굴하지 않은 겸손을 위해, 그리고 자신과 상대를 존중하기 위해 필요한 것은 스스로를 책임지는 것이다. 독립된 한 개인으로서 자신이 우뚝 서며 당당해질 때 오히려 겸손해지고, 상대를 존중할 수 있는 여유가 생긴다.

좋은 관계를 위해 필요한 또 하나는 용기이다. 할 수 없는 것은 할 수 없다고 거절할 수 있는 용기, 모르는 것은 모른다고 말할 수 있는 용기이다. 중독자는 할 수 없음에도 그저 순응하며 따라가다가 중간에 자세한 설명도 없이 약속을 깨거나 포기하면서 회피한 경험이 있을 것이다. 상황 설명도 하지 않고 그저 상대를 피하며 무책임한 사람이 된다.

거절하거나 모른다고 하면 상대가 무시하지 않을까, 싫어하지 않을까 하는 생각이 든다. 하지만 용기 있는 거절이나 인정은 오히려 좋은 관계의 기반이 된다. 만약 거절하거나 모른다고 자신을 무시하거나 화를 내는 사람이 있다면 이들과의 관계를 위해 굳이 애쓸 이유는 없다. 애쓸 가치가 없는 관계이다.

제대로 거절하고, 모르는 것을 모른다고 말하기 위해서는 우선 무엇을 알고 모르는지, 무엇을 할 수 있고, 못 하는지 구분할 수 있어야 한다. 중독자는 직접 실천하기보다는 머릿속 생각으로만 많은 것들을 해 왔기에 자신이 무엇을 할 수 있고, 무엇을 못 하는지 분명히 알지 못한다. 생각으로는 다 알고, 다 할 수 있으리라 여겼지만 실제로는 하지 못하는 경우가 많다. 회복의 과정에서 맨 정신에 직접 발로 뛰며 살아가는 과정에서 자신이 할 수 있는 것과 할 수 없는 것이 조금씩 구분되기 시작할 것이다. 자신이 진짜 아는 것과 안다고 착각한 것들이 구분된다. 자신이 할 수 있는 것과 할 수 없는 것, 아는 것과 모르는 것이 조금씩 분명해지면, 이를 용기 있게 표현해 보자.

마지막으로 가장 중요한 것은 관계에서의 정직이다. 자기성찰을 통해서 자신을 제대로 알게 되면, 있는 그대로의 자신의 모습을 상대에게 보여 줄 수 있어야 한다. 이는 정직이자 용기이자, 겸손이다.

　중독자는 누구에게나 괜찮은 사람으로 보이고 싶다. 중독자 내면의 수치심은 사랑과 인정에 모든 것을 걸게 만든다. 그래서 있는 그대로의 자기 모습이 아닌 좋은 모습만 보여 주려 한다. 하지만 상대가 원하는 모습으로 포장한 채 관계를 하게 되면 너무 피곤하고 지친다. 그리고 순간순간 튀어나오는 본 모습을 상대가 보게 될까 불안하다. 그러다 어느 순간 상대가 자신을 알만하고, 아는 것 같다 싶으면 온갖 핑계를 대며 먼저 관계를 끊어 버리기도 한다. 그러고는 새로운 관계를 찾아 나선다. 이러한 관계가 반복되니 인간관계의 기쁨은커녕 하기 싫은 숙제처럼 피하고만 싶어진다.

　있는 그대로의 자기 모습으로 상대를 만나야 한다. 이는 자신과 상대를 있는 그대로 존중할 때 가능하다. 있는 그대로의 자신을 보여 주었을 때 상대가 싫다고 하면 그 관계를 위해 굳이 애쓸 이유는 없다. 이 세상 모든 사람과 잘 지낼 필요는 없다. 모든 사람의 사랑을 받을 필요도, 모든 사람에게 인정받을 수도 없다. 관계를 맺고 유지하기 위한 시간과 노력을 누구에게 쏟을 것인가를 구별하는 것도 중요하다. 있는 그대로의 나를 사랑하고 인정해 줄 사람은 분명히 있다.

관계 역시 배우고 훈련하는 것이다. 저절로 되는 것이 아니다. 대부분의 사람에게 대인관계 기술은 어린 시절부터 끊임없이 고민하고 부딪히며 배워 온 것이고, 지금도 여전히 좋은 관계를 위해 애쓰고 있는 것이다. 세상에 공짜는 없다. 좋은 관계도 공짜로 얻어지지 않는다. 어렵다 생각된다면, 더 나아지고 싶다면 시간과 돈을 투자해서 배우고 노력해야 한다.

자립하기 위하여 돈을 벌으라

진정한 어른이 되기 위해 스스로의 힘으로 서야 한다. 이를 위해 경제적으로 자립하는 것이 중요하다. 자신이 먹고 자고 살아가는 것을 다른 누군가에 의존하지 않고 스스로 해결하기 위해 노력해야 한다. 무엇 하나 공짜는 없다. 자기 밥벌이도 못 하면서 어른인 척하지 말라.

자신을 책임지는 것에서 한 걸음 더 나아가 다른 누군가를 보살피고 돌보는 것을 감당해야 한다. 부모로서 자녀를 책임지는 것이나 보다 어려운 주변 누군가를 돌보는 것 등이다. 어른 노릇을 하려면 돈이 필요하다. 돈은 중요하지 않다거나 필요 없다고 하는 사람은 사기꾼이다. 자본주의 사회에서 돈 없이 살 수 없다.

돈을 번다는 것은 쉬운 일이 아니다. 힘들다. 때로는 치사하고, 자존심 상하고 비굴해지기도 한다. 감당해야 하는 것이다. 특히, 회복 중인 중독자에 대한 사회적 낙인과 차별이 존재할 수 있다. 하지만 이러한 상황을 핑계 삼기보다는 그럼에도 불구하고 어떻게 살아내야 할 것인가를 고민해야 한다. 그리고 살아내야 한다. 자신이 그동안 술에 취해 흘려보낸 시간 동안 배우고 노력했던 사람들이 있음을 인정해야 한다. 지금 자신의 상황에서 최선을 다해 자립해야 한다.

돈을 버는 방법은 수없이 다양할 것이다. 자신의 상황에 맞게,

자신의 역량에 맞게 돈 버는 방법을 찾아야 할 것이다. 일의 귀천은 없다. 무엇이든 정당한 돈벌이를 하면 된다. 그렇게 번 돈을 의미 있게 쓰는 경험은 스스로를 어른스럽게 할 뿐 아니라 또 다른 자부심이 될 것이다.

기억할 것은 돈을 버는 것이 단주를 위험하게 해서는 안 된다는 것이다. 무엇보다 우선인 것은 일단 술을 마시지 않는 것이다.

회복의 과정에서 많은 이들과 함께 동행을 하게 될 것이다. 중독이나 정신건강, 가족관계 등 다양한 영역의 전문가 역시 중요한 동행이 된다.

중독자는 술 없는 삶의 경험이 많지 않기에 새롭게 배워야 할 것이 많다. 이때 다양한 영역의 전문가가 도움이 된다. 물론 먼저 회복의 길을 걸어간 선배 회복자의 안내가 있지만, 전문가와 선배 회복자에게 배울 수 있는 것이 서로 다를 수 있다.

회복의 과정을 산을 오르는 것으로 비유할 때, 먼저 회복을 경험한 선배는 그 산을 앞서 걸어 본 사람이다. 자신이 직접 산을 오르며 어디쯤에서 숨이 차고, 어디쯤 가면 바람이 시원한지 누구보다 잘 알고 공감해 줄 수 있다. 어디쯤 쉴 만한 공간이 나오는지를 알려 주며 완급 조절을 해 나갈 수 있게 돕는다. 옆에서 앞에서 함께 걸어 주며 힘이 되어 준다.

반면 전문가는 그 길을 걸어 본 경험은 없지만 그 산의 지도를 가진 사람이라고 할 수 있다. 선배 가이드가 올라 본 그 길 이외에도 어떤 다른 길이 있는지, 그 길의 거리와 경사는 어떤지, 그리고 어떤 이들에게 어떤 길이 보다 적절할지, 어떤 길로 갔을 때 실패 없이 잘들 올라가는지를 공부하여 알고 있다. 자신이 숨이 차거나 바람의 시원함을 느낀 적은 없지만, 각자 다른 길에서 사람들이 어떤 경험들을 하는지 그들의 이야기를 통해 배워 왔다. 이러한 과정을 통해 전문가는 제3자로서의 보다 객관적인 시선으로 다양한 길을 안내할 수 있다.

전문가를 만나 자신의 이야기를 털어 놓고, 지금까지 미처 배우지 못했던 다양한 삶의 기술을 배우며, 그동안 제대로 알지 못했던 많은 것들을 올바로 이해할 수 있는 기회를 가지는 것이 필요하다. 이런 도움을 주기 위해 훈련 받은 사람들을 신뢰하고, 함께 협력하는 것이 자신의 회복에 큰 도움이 될 수 있다. 전문가를 만나는 데 시간과 돈을 투자해야 한다.

전문가를 잘 선택하는 것이 중요하다. 적절한 자격을 갖추고, 충분한 경험을 가진, 세상과 인간에 대한 바른 시선을 가진 전문가를 만나야 한다. 한 인간 그리고 전문가로서 계속해서 성찰하고 성장하려 노력하며, 자신의 능력과 한계를 분명히 아는 전문가이면 좋겠다.

무엇보다 편견 없는 전문가를 만나는 것이 중요하다. 중독자에 대한 편견을 가진 사람은 의외로 많다. 전문가라 해서 예외는 아니다. 내담자의 회복을 본 적이 없는 전문가는 회복을 믿기 어렵다. 그래서 회복의 과정에서 중독자가 경험하는 장애물 앞에서 함께 주저앉게 된다. 더 나쁜 경우, 중독자를 비난하며 '역시 중독은 안 돼'라는 자신의 믿음을 확인한다. 회복에 대한 믿음을 갖고 내담자를 기다려 줄 수 있는 전문가를 만날 때, 중독자 역시 포기하지 않고 나아갈 수 있다.

회복을 믿지 못하거나 중독자를 비난하는 마음만이 편견이 아니다. 대단하다고 추켜세우는 것 역시 편견이고 차별이다. 회복이 어렵다는 것을 누구보다 잘 알기에 전문가의 눈에 단주를 몇 년씩 이어 가고 있는 것이 대단해 보일 수 있다. 칭찬이 나쁜 것이 아니다. 그저 술을 마시지 않고 있는 것 자체를 칭찬하는 것이 위험한 것이다. 회복을 하며 어떻게 살아가고, 어떻게 성장하고 있는지를 바라보는 것이 아니라, 그저 술을 마시지 않는 그 사실 하나만을 바라보고 있는 것이다. 이는 전인적인 한 인간으로서가 아닌, 중독자라는 관점에서만 바라보는 것이다. 처음 걸음마를 시작한 아이가 한 걸음 한 걸음 발걸음을 옮길 때는 박수를 치지만, 더 커서 뛰어다녀야 할 아이가 걸음마를 한다고 해서 박수를 치지는 않는다.

이러한 칭찬은 중독자로 하여금 술을 마시지 않는 한 자기가 아무 문제가 없다고 생각하게 만들 위험이 있다. 술을 마시지 않는 것은 칭찬 받을 일이 아니다. 살기 위해 숨을 쉬어야 하듯 당연한 일이다. 중요한 것은 술을 마시지 않고 어떻게 살아가는가이다. 한 인간으로서의 성장을 기대하고 응원해 주는 전문가를 만나야 한다.

시간이 필요함을 인정하고 꾸준히 실천하라

회복에는 많은 노력이 필요하다. 이러한 노력을 통해 자기 삶의 당당한 주인으로, 진정한 어른으로 살아갈 수 있다. 하지만 이 모든 노력은 결코 간단하지 않다. 무엇보다 회복의 과정은 일회성의 이벤트나 몇 번의 노력만으로 변화를 쉽게 느낄 수 있는 과정이 아니다. 처음이기에 낯설고, 언제까지일지 모를 지난한 시간이 필요한 과정이다. 하지만 술 마시는 것도 쉬운 일은 아니었고, 중독의 결과 역시 갑자기 발생한 것이 아니라는 것을 생각한다면, 회복 역시 시간과 노력이 필요함을 받아들일 수 있을 것이다. 회복을 통해 자신의 삶이 변화되는 것을 경험하기 위해서는 시간이 필요함을 인정하고 꾸준히 실천해 나가야 한다.

누군가와 자연스럽게 대화하는 것이 어렵게만 느껴지는 중독자는 대화를 잘하는 사람을 보면서 그들은 원래부터, 처음부터 그렇게 대화를 잘하는 사람이었을 거라고 생각할 수 있다. 하지만 아니다. 그들 역시 태어나고 자라나 지금까지 살아온 모든 시간을 통해 부딪치며 연습한 오랜 훈련의 결과로 대화를 이어 나가는 것이다. 어색한 순간, 당황스러운 순간, 부끄러운 순간, 어려운 순간 등 모든 순간에 술의 힘을 빌려 피하지 않고, 직접 부딪치며 자신의 대화기술을 연마한 결과이다.

스트레스에 잘 대처하며 살아가는 사람들, 인간관계에서의 갈등을 잘 풀어 가는 사람들, 자신의 감정을 잘 표현하고 다루는 사람들 모두 마찬가지이다. 유능한 사회인은 그 자리를 위해 공부했고, 경쟁했고, 초보의 미숙함을 이겨내며 열심히 시간을 쌓아 지금의 자리에 오게 되었다. 자녀와 관계가 좋은 사람들은 자녀가 태어나고 지금껏 성장하는 동안 자녀를 위해 시간과 노력을 투자했고, 계속해서 대화하려 노력했고, 갈등이 있으면 풀어가기 위해 애를 써 왔을 것이다. 그리고 지금도 그렇게 하고 있을 것이다. 한 사람의 어른으로 살아가는 법을 배워 가는 과정에 속성반은 없다.

중독을 경험했고, 회복 중인 사람이라 해도 남들보다 능숙하고 잘하는 것이 분명히 있다. 그리고 분명 그러한 능숙함을 위해 시간과 노력을 투자했을 것이다. 자신이 잘하는 무엇인가가 있다면 그것을 잘하기 위해 자신이 얼마만큼의 시간과 노력을 들였는지 생각해 보면 알 수 있다.

회복은 처음이니 당연히 시간과 노력을 투자해야 한다. 최소한 술을 마시는 데 들인 만큼의 시간과 노력을 해 보아야 한다.

하지만 이렇게 회복의 노력을 강조하다 보면 회복의 과정이 마치 수행자가 걸어가는 고행(苦行)의 과정처럼 비춰질 수도 있을 것이다. 하지만 그렇지 않다. 회복은 즐겁다. 즐거움 없이 고되기만 하다면 회복을 해야 할 이유가 없다. 또한 회복이 즐겁고 기쁘고 보람이 있어야 회복 역시 유지될 수 있다. 다만, 그 즐겁고 기쁘고 보람 있는 일이 한순간에 이루어지지 않는다는 것이다.

중독과 회복은 분리된 흑과 백의 단절된 경험이 아니다. 중독이 점점 더 불행해져 가는 과정이었다면 회복은 점점 더 행복해져 가는 과정이다. 시간이 필요하고 꾸준히 노력해야 하는 과정이지만, 그 과정 속에서 어제보다는 오늘이, 오늘보다는 내일이 조금씩 더 즐겁고 평온해진다. 1층에서 꼭대기 스카이라운지로 한번에 올라갈 수는 없지만, 1층보다는 2층이 전망이 좋고, 2층보다는 3층의 공기가 맑고, 그렇게 한 층 한 층 올라가면서 즐거움을 만끽하다 보면 어느 순간 멋진 스카이라운지의 전경이 눈앞에 펼쳐진다.

7. 회복의 즐거움

술에 취한 밤을 보내고 난 뒤의 아침은 지옥이다. 기억나지 않
는 지난밤은 막연한 불안과 두려움으로 목덜미를 잡아당기는 듯
하고, 날 서 있는 가족들의 시선에 어깨와 마음이 움츠러든다.
간간이 떠오르는 술 취한 밤 자신의 모습은 자기가 봐도 딱 미친
놈이다. 왜 그랬을까 후회해도 이미 한두 번의 후회가 아니기에
오늘 밤 자신의 모습이 다를 것이라고 자신할 수 없다. 머리가
깨질 것 같은 숙취와 불편한 속을 달래기 위해 마신 해장술은 내
일의 또 다른 숙취를 예고한다.

단주를 하면서 가장 먼저 경험하는 것은 맑은 정신의 상쾌함
으로 시작하는 하루이다. 여전히 피곤하고 잠이 덜 깬 아침일 수
는 있지만 술에 찌든 아침과 비교하면 날아갈 듯한 몸과 마음이
다. 무엇보다 흐릿한 기억 속에서 어젯밤 무슨 일이 있었는지를
더듬어 나가는 불안함은 더 이상 없다. 아침에 눈을 떠 마주하는

가족의 시선 앞에서도 이전과는 다른 당당함이 있다. 술 냄새 풍기지 않고 깔끔하게 차려입은 출근길에서는 누구를 만나도 피하지 않고 마주 인사할 수 있다. 술에 취하지 않은 당당함은 누가 뭐라 해도 뿌듯하다.

또한 술 취하지 않은 맑은 정신으로 자신에게 주어진 것들을 스스로 결정할 수 있게 된다. 그 전에는 술에 취한 채 그저 귀찮아서 스스로 포기했고, 술에 취한 판단력을 믿지 못해 주변 사람들이 기회를 주지 않았다. 술 취한 채 버럭버럭 소리만 질러댔고 늘 자신의 의지와 상관없이 무언가에 끌려가는 삶에 무력함을 느꼈다.

이제는 죽이 되든 밥이 되든 자신의 의지로 무엇이든 할 수 있다. 맑은 정신의 의지는 그래도 믿을 만하다. 술기운이 빠져나가면서 세상을 바라보는 시선과 관점이 바뀐다. 그러면 생각이 바뀐다. 그리고 행동과 말이 바뀐다. 행동이 바뀌면 삶이 바뀐다. 맑은 정신으로 진정 살아 있음을 느낀다.

때로는 맑은 정신으로 직면해야 하는 순간이―다양한 삶의 문제들, 중독의 시간들이 남겨 놓은 후유증 등―에 차라리 눈 감고 싶을 수도 있다. 술의 힘에 기댈 수 없기에 맑은 정신으로 느껴지는 불편함은 더욱 예민하고 민감하게 느껴질 수도 있다. 하지만 이 순간 또한 맑은 정신이기에 헤쳐 나갈 수 있음을 믿는다. 술 마시면서도 살아왔는데, 술 없이 맑은 정신의 지금은 얼마든지 더 잘 살아 낼 수 있다는 희망이 있다.

사업을 하는 P씨는 단주가 10년이 넘어가면서 서서히 경영자로서의 자신의 모습에 대해 자신감을 갖기 시작했다. 술을 마시던 당시, 아버지의 자금력만 믿고 사업을 시작했지만 상황은 엉망이었다. 술자리를 빌려 맺어 왔던 사업상 계약은 중간에 번복되기 일쑤였고, 돈 관리나 인사 관리 역시 주먹구구였다. 툭하면 술에 취해 자리를 비우는 사장 밑에서 몇 명을 제외한 대부분의 직원들은 그저 시간만 때우고 월급만 타 가는 식이었다. 무엇보다 술에 취한 채 진행된 몇 건의 계약에서 돈을 벌기는커녕 회사에 큰 손실을 입힌 후 회사는 아버지의 땜질 처방에 의해 겨우 명맥만 유지할 뿐이었다.

하지만 단주 이후 P씨는 경영자로서의 자리를 제대로 찾기 위해 노력했다. 직원들에게 성실한 모습을 보이고자 했고, 잘 모르는 것을 배워 가며 모든 것을 파악하려 노력했다. 맑은 정신으로 일을 해 가면서 P씨는 그동안 술에 가려져 있던 경영자로서의 능력을 발휘해 나가기 시작했다. P씨는 누구보다 상황을 읽는 능력이 있었고, 꼼꼼하고 머리가 좋은 사람이었다. 시간이 가면서 반신반의하던 아버지도 점차 P씨를 믿어 주기 시작하였고, 직원들도 P씨를 리더로서 인정해 가기 시작했다.

최근에는 회사에 큰 부담이 될 수도 있을 중요한 사업상 결정을 내려야 하는 순간이 있었는데, P씨는 충분한 상황 파악과 고민을 한 후 신중한 결정을 내렸다. 주변에서는 염려의 목소리도 있었지만 P씨는 자신의 선택과 판단을 믿고 일을 추진했고, 결과는 성공적이었다.

P씨는 고집을 피우기보다는 자신의 고민의 결과를 정리하여 주변을 설득하였고, 이 과정을 통해 자신의 의견이 수용되고, 존중받는 경험을 하였다. 또한 성공적인 결과를 통해 만족감과 뿌듯함, 당당함, 그리고 스스로에 대한 확신을 갖게 되었다. 아마도 앞으로도 이러한 순간들이 있을 것이고, 때로는 실패하고 때로는 성공할 것이다. 하지만 P씨는 자신을 믿고, 주변 사람들을 믿으며, 이 모든 과정을 잘 해 나갈 수 있으리라는 긍정적 기대감을 가질 수 있었다.

맑은 몸의 즐거움

혈관에 채워져 있던 술이라는 마취제는 몸을 잠들게 했다. 그리고 깨어 있지 못한 흐리멍덩한 감각은 몸에 주어지는 대부분의 자극을 미처 의식하지도 못 한 채 흘려보냈다. 술에 취한 지난밤 피떡이 앉도록 무릎이 헤져서 들어와도 아픈지도 몰랐다. 그러다 임계치를 넘는 자극적인 감각이 들어오는 순간 무감각하던 몸이 강렬하게 지각하며 펄쩍 뛰어오르듯 격렬한 반응을 만들어 내곤 했다.

술에 취하지 않은 맑은 몸이 경험하는 새로운 오감은 세상을 새롭게 만나게 한다. 맑은 몸은 자신의 오감을 통해 들어오는 모든 자극을 하나하나 투명하게 느끼게 한다. 손톱 사이의 작은 가시도 아프고, 푸르른 하늘은 눈부시다. 어린아이의 손을 잡고 걸을 때 느껴지는 보들보들함, 피부에 닿는 산들바람의 가벼움도 온전하다. 모기에 물리면 가렵고, 감기에 걸리면 까끌까끌한 목이 느껴진다. 맑은 정신에서의 섹스는 술에 취한 채 순간의 쾌감으로서 느껴지던 섹스와는 다른 즐거움을 준다. 무엇보다 맛도 모르고 채워 넣었던, 꿀떡꿀떡 삼키기만 했던 음식들의 맛과 향이 느껴지고 음미된다. 삼겹살 지방의 고소함과 커피의 향이 느껴진다. 그리고 즐거움으로 경험된다. 좀비처럼 잠들어 있던, 아니 반쯤 죽어 있던 몸이 살아나는 것이다.

술에 취해 있던 날들에는 누군가의 앞에서 떨리던 손으로 글자를 써야 하는 것도 큰 어려움이었다. 떨리는 손을 누군가 볼까 봐, 그래서 중독자임을 알게 될까 봐 있는 힘껏 펜을 눌러 잡고 써야 했다. 이렇게 꾹꾹 써 내려가는 글씨는 몇 줄만 써 내려가도 식은땀을 흘리게 하기에 충분했다. 글자를 쓰는 것이 힘겨운지, 떨리는 손을 누군가 볼까 신경 쓰는 것이 힘겨운지는 알 수 없지만 누군가의 앞에서 글자 몇 줄 쓰는 것조차 진이 빠질 만큼 고단한 일이었다.

하지만 술에 취하지 않은 맑은 몸에게는 눌러 쓰는 힘겨움도, 의식하는 힘겨움도 없이 단지 몇 줄의 글씨일 뿐이다. 심지어 이렇게 멀쩡히 글씨를 잘 써 내려가고 있다는 것을 누군가 봐 주었으면 하는 바람이 생길 정도이다. 이 역시 회복의 즐거움이다.

물론 그간의 음주로 인해 망가진 몸을 건강하게 회복하는 것은 한순간에 이루어지지 않는다. 이전에는 느껴지지 않던 감각들이기에 술을 끊으면 여기저기 아픈 것처럼 느껴질 수도 있다. 하지만 이는 마비되었던 몸의 감각이 서서히 살아나면서 말 그대로의 맑은 몸이 경험되는 것이다. 그렇게 몸이 회복되어 간다.

Q씨는 야근으로 조금 늦은 퇴근길, 차를 몰고 집으로 향하는 길에 경찰이 길을 막고 음주 단속을 하는 모습을 보았다. 단주를 시작한 이후 늦은 밤에 차를 몰고 다닐 일이 많지 않아 단주를 하면서는 처음 마주하게 된 음주 단속이었다.

순간 예전 술 마실 때 습관적으로 그랬던 것처럼, 음주 단속하는 경찰 모습에 오금이 저리며 심장이 쿵 떨어지는 듯한 느낌을 받았다. 어서 차를 뒤로 돌려 되돌아가야 하는 건가 하는 생각에 몸이 긴장되고 있었다. 하지만 곧 자신은 지금 전혀 술을 마시지 않았고, 음주 단속에 걸릴 일이 없다는 것에 생각이 미쳤다. 이미 지난 몇 개월 동안 자신의 몸 안에는 술이 한 방울도 들어오지 않은 상태였다. 그러자 갑자기 기분이 좋아지면서 얼른 빨리 음주 단속을 받고 싶다는 마음이 생겼다. 음주 단속을 기다리며 서서히 움직이고 있는 차가 답답하게 느껴질 정도였다. 자신의 순서가 되자 힘껏 숨을 불어 내쉬고는 으쓱대며 음주 단속 경찰을 한번 흘끗 돌아본 Q씨는 집으로 돌아오는 내내 콧노래를 흥얼거렸다.

술 마시던 시절, 음주 단속에 위축되던 자신의 모습, 단속에 걸리지 않으려 숨을 내쉬지 못하고 그러다 걸리면 봐 달라고 애걸하던 자신의 찌질하고 비굴한 모습이 스쳐 지나갔다. 새삼 왜 그러고 살았을까 하는 생각이 들었다. 그리고 술에 취하지 않은 자신의 모습이 참 마음에 들었다. 앞으로 음주 단속을 자주 하면 좋겠다는 생각이 들 정도였다.

자신을 알고, 자신으로 살아가는 즐거움

중독의 과정에서 가장 소외되는 사람은 바로 자기 자신이다. 그 누구도, 심지어 가족조차도 중독자라는 낙인 뒤에 가려진 모습을 있는 그대로 보아 주지 않는다. 중독자의 모든 말은 술 취한 중독자의 술주정이고, 중독자의 서운함과 억울함은 술을 먹고 싶은 중독자의 감정적 만취일 뿐이다.

자신을 제대로 바라보지 못하는 것은 중독자 자신 역시 마찬가지이다. 자기 자신도 자기가 무슨 말을 하고 싶은지, 왜 그러는지, 자신의 감정이 무엇인지 알지 못하는 경우가 많다. 자기가 무엇을 원하는지, 무엇을 잘하는지, 어떤 사람인지 알지 못한다. 술을 마셨다는 이유로 그저 중독자일 뿐이었다.

회복을 하면서 가장 먼저 자신을 알고 싶다. 왜 술을 마셨는지, 왜 그렇게 살아왔는지 궁금해진다. 이러한 궁금증은 자신이 어떤 사람인지, 무엇을 원하는지에 대한 호기심으로 이어진다. 그렇게 그동안 소외되었던 자기 자신을 마주하게 된다. 때로 그 모습이 아프기도 하고, 마음에 안 들기도 하지만 그래도 반갑다. 그리고 이렇게 만나게 된 자신의 모습을 사람들에게 고백한다. 세상에 드러내고, 사람들에게 수용 받으면서 조금씩 자기 자신의 모습대로 살아가기 시작한다. 더 이상 술 뒤에 숨지 않아도 되고, 사람들 앞에서 자신을 감추지 않아도 된다.

자신의 모습을 알아 가고 드러내며 느끼는 즐거움은 그 무엇보다 자유로움이다. 어둡고 갑갑한 찜질방에서 무겁고 축축한 가마니를 뒤집어쓰고 있다가, 가마니를 벗어던지고 환하고 신선한 공기가 가득한 문밖으로 나왔을 때의 가벼움과 상쾌함이다.

자기 자신을 올바로 알면, 자기답게 살아갈 수 있다. 자신이 선택하고 책임지는 것이 어른이고, 자기가 주인공이 되는 삶이다. 실수할 수도, 실패할 수도 있다. 하지만 그렇다 해도 다른 누군가를 원망하기보다는 자신의 선택과 책임을 인정함으로써 새롭게 시작할 수 있는 힘을 갖는다. 다른 누군가에 매여 있는 것이 아니라 자신의 몫이기에 자신이 풀어 갈 수 있는 진정한 자유로움이다. 또한 자신이 선택하고 책임져야 하기에 더욱 신중해진다. 함부로 할 수 없다. 소중한 자신의 삶이다.

더불어 살아가는 즐거움

중독의 가장 큰 원인이자 결과 중 하나는 고립이다. 중독자는 고립된다. 이들은 사람들과 만나려면 술이 필요하다고, 술을 마셔야 진솔한 이야기가 나온다며, 사람들과의 관계를 위해 술에 의존했다. 하지만 술에 의지해 가졌던 친밀감은 술이 깨자마자 신기루처럼 사라지고 주변에 아무도 없음을 실감하게 된다. 시간이 가면서 더 이상 이러한 핑계도 사라지고 이 세상에 술만이 친구라 하소연하면서 혼자만의 음주를 하게 된다.

회복을 하는 과정에서의 가장 중요한 변화는 관계의 회복이다. 가족과의 관계가 변화되고, 회복 동료들과의 새로운 관계가 만들어진다. 친구나 주변 사람들, 더 나아가 공동체와의 관계가 회복된다. 가장 가까이에 있었기에 가장 치열하게 서로에게 상처를 주고받았던 가족은 가족이기에 함께 기뻐하고 슬퍼할 수 있는 한 팀이 되어 갈 것이다. 단순히 술에 취한 채 만났던 쾌락적인 만남 대신 깊이 있는 이성관계도 경험할 수 있다. 소유하려는 마음이나 통제하려는 마음 없이 자유롭게 조건 없이 사랑할 수 있는 건강한 관계가 무엇인지 알 수 있게 된다. 이용하려는 마음 없이 그저 함께 있어 좋은 사람들과 함께하게 된다. 봉사를 통해 함께 살아가는 공동체의 의미 있는 일원으로 당당하고 뿌듯한 자신의 모습을 경험할 수도 있다.

회복을 통한 관계의 변화는 함께 살아가는 즐거움과 기쁨을 맛보게 한다. 관계 안에서 느끼는 소통의 기쁨과 친밀감 그리고 소속감은 누구보다 깊은 고립을 경험했던 중독자에게 무엇보다 필요한 것이다. 누군가와 마음속 깊은 대화를 나누고, 서로의 마음을 공감하고, 세상과 연결되는 경험은 회복을 해 나가기 위해 꼭 필요한 토대이다. 이러한 관계 속에서 자신의 존재에 대한 가치를 느끼고, 무엇이든 해낼 수 있다는 효능감도 가진다. 그리고 회복이 성숙되어 갈수록 이러한 연결됨은 더욱 견고하고 깊어진다. 만일 회복을 하면서도 여전히 혼자라고 느낀다면 자신이 진정 회복하고 있는가에 대한 진지한 검토가 필요하다.

지난밤 R씨는 직장의 송년행사에 참여했다. 문화행사로 진행된 송년파티였다. 직장 동료들과 즐겁게 어울리며 이야기도 나누고, 공연도 보면서 시간을 보냈다. 어색하긴 했지만 먼저 다가가 말을 걸기도 했고, 서로의 안부를 묻거나 근황을 나누기도 하였다.

집에 돌아온 R씨는 예전과는 달라진 자신의 모습을 떠올리며 뿌듯한 마음이 들었다. 술을 끊기 전인 불과 몇 년 전만 해도 그런 자리는 어색하고 불편해서 피하곤 하던 자리였다. 대화에 잘 끼지도 못할뿐더러 어쩌다 대화가 시작된다 해도 무슨 말을 해야 할지 몰라 괜히 신경이 곤두서 있곤 했다. 그럴 때면 어색함에 술만 찾았고, 결국 술에 취해 추태를 부리다 끝나곤 했던 행사였다.

하지만 이제는 송년행사에서 술 자체도 사라졌지만, R씨 역시 더 이상 술을 찾아다니지 않아도 될 만큼 그 자리가 편안해졌다. 술을 끊으면서 직장 동호회 모임에 참석하기 시작하면서 제법 친하게 지내는 동료들도 많이 늘었다. 술 마실 때만 찾던 술친구와는 다르게 같은 취미를 가지면서 친해진 동료들과는 오히려 취미와 관련된 이야기를 나누면서 할 말도 더 많아진 듯 했다. 한 달에 한 번 정해진 직장 동호회 활동뿐 아니라 주말이나 퇴근 후 몇몇 동료들과 따로 모임을 하기도 했다. 처음부터 편하고 익숙했던 건 아니지만 조금씩 나아져 갔다. 지금은 어색한 모습으로 동호회에 처음 들어오는 신입들을 먼저 반기고 안내하는 역할을 한다. 이런 자신의 모습이 R씨는 반갑고 대견하다.

🌿 성장하는 즐거움

중독은 인간의 성장을 정체시킨다. 더 나아가 오히려 퇴행하게 한다. 한 해 한 해 나이를 먹고 사회적 역할을 하기도 하지만 중독자의 마음과 행동은 점점 어린아이의 모습을 갖는다. 이런 모습은 가족이나 주변 사람에게 혼란을 줄 뿐 아니라, 중독자에게 이런 자신은 참 부끄럽고 숨기고 싶은 모습이다.

회복을 하면서 미숙하고 서투른 어린아이는 점점 성장해 간다. 물론 그 과정이 쉽지는 않다. 하지만 어느 순간 문득문득 느껴지는 자신의 변화된 모습은 때론 힘겹고 지난한 과정에서도 희망을 갖게 한다. 여전히 미숙하고 서툴지만 조금씩 성장하는 자신이 대견스럽기도 하다.

예전에는 어렵게만 느껴졌고, 해낼 수 없을 것이라고만 느껴졌던 일을 해결해 나가는 자신에 대한 뿌듯함과 당당함, 예전에는 엄두도 내지 못했던 일들을 해냈을 때의 성취감은 무엇과도 바꿀 수 없다. 혼자서 카페에 가서 차를 마시고 혼자 식당에 가서 밥을 먹을 수 있다. 어려운 일을 비굴하지 않게 부탁하고, 죄책감 없이 타인의 부탁을 정중히 거절할 수 있다. 자신의 상태와 숨은 마음, 감정을 민감하게 느끼면서 자신에게 보다 충실할 수 있다. 대화를 할 때 적절한 유머를 사용해서 분위기를 반전시킬 수도 있다. 갈등 상황에서 중재자로 역할을 할 수도 있다. 자녀와의 관계에서 어른으로서 양보도 하고, 져 주기도 하고, 권위 있는 어른의 모습으로 훈육도 할 수 있다. 자기 힘으로 취직을 하고 돈을 벌어서 가족을 부양할 수도 있다. 혼자 스스로 집을 구하고 이사를 마무리할 수도 있다. 술을 마실 때는 이런 것을 하지 못했는데 술을 끊고 나니 이런 것을 할 수 있다.

이런 자신의 모습이 혼자 생각해도 기쁘고 즐겁다. 그리고 성장한 자신의 모습을 바라봐 주고, 인정해 주고, 격려해 주는 사람을 만날 때 기쁨과 즐거움은 더욱 커진다. 사람들이 자신을 바라보는 눈이 달라지고, 자신을 대하는 태도가 달라질 때의 즐거움은 술을 마시던 즐거움과는 비교가 되지 않는다.

과거의 자신과 오늘의 자신을 비교해 보아야 한다. 자신이 성장한 것을 알게 되고, 자신이 아직은 부족한 것도 알게 된다. 자신이 성장한 부분에 대해 감사하고, 자신의 부족한 부분에 분발하게 된다. 그리고 이를 통해 또다시 성장한다. 중요한 것은 남과의 비교가 아닌 과거의 자신과 오늘의 자신과의 비교이다.

회복

8. 가족이 기억할 것

잔소리는 도움이 되지 않는다

출처: 문경회복센터 홈페이지.

중독자가 회복을 잘 유지해 나가는 데는 가족의 역할이 중요하다. 가족이 중독자와 중독의 특성을 잘 이해하여 잘 대처할수록, 그리고 정서적으로 독립되고 건강할수록 중독자의 회복에 도움을 준다.

가족의 역할로서 가장 중요한 것은 회복 중인 중독자를 믿고 기다려 주는 일이다. 이는 가족이 중독자에게 보여 줄 수 있는 가장 큰 사랑이다. 하지만 동시에 중독자 가족에게는 이것이 가장 어려운 일이다. 가족이 가진 불안과 두려움은 회복을 위한 중독자의 노력을 지켜보며 기다리는 대신에 눈을 감아 버리거나 지나치게 간섭하게 만든다.

중독자가 술을 마시던 시절 가족은 술을 끊으라는 잔소리를 끊임없이 해 왔다. 하지만 별 효과가 없었다. 사실 중독자는 술 끊으라는 잔소리 때문에 술을 끊은 것이 아니다. 오히려 술을 먹지 말라는 가족의 잔소리는 술을 찾게 하는 핑계가 될 뿐이었다. 중독자 역시 술을 마시면 안 된다는 가족의 말이 맞다는 것은 알지만, 들어줄 수 없는 말이기에 더 듣기 싫다. 틀린 말이어서 듣지 않는 것이 아니라 옳은 말이지만 들어줄 수 없다. 더구나 들어줄 수 있는 말이라도 기분이 나빠서 들어주기 싫다. 이렇듯 오히려 역효과를 가져옴에도 가족들은 잔소리를 쉽게 포기하지 못했다. 마치 가족으로서 자신의 의무와 책임이라도 되는 양 더 열심히, 더 반박할 수 없게 중독자를 코너로 몰아갔다.

회복의 과정에서도 가족은 잔소리를 멈추지 못하는 경우가 많다. 이 책의 앞부분에서도 살펴본 바와 같이 이제 막 단주를 시작한 중독자는 여러 면에서 미숙하고 서투른 모습을 보인다. 술을 끊는다고 해서 모든 것이 한순간에 변하지 않으며, 술 없는 삶에 적응해 나가기 위한 시간이 필요하다.

중독자의 이러한 서툰 모습에 가족들은 또다시 새로운 잔소리를 시작한다. 이렇게 하면 되는데 왜 그렇게 하냐고, 이렇게 하는 것이 당연한 게 아니냐고, 다 위해서 하는 말인데 왜 안 듣느냐고 답답해한다. 가족 입장에서는 실수나 잘못을 반복할까 걱정이 되고, 자신이 도와주면 중독자가 수월하지 않을까 하는 마음으로 자꾸 말을 보태게 된다.

하지만 술 먹지 말라는 말이 소용없었던 것처럼, 너무나 옳은 소리이고 맞는 말이지만, 쉽게 따를 수 없는 잔소리에 중독자는 더욱 좌절하게 된다. 더 하기 싫어지고 포기하고 싶다. 단주를 시작한 중독자에게 가족의 잔소리는 더욱 참기 어려운, 그리고 술을 마시지 않기에 더 이상 참을 이유가 없는 것이다.

가족의 말이 틀렸다거나 잘못되었다는 뜻이 아니다. 하지만 단주를 시작할 때 가족이 옳은 말, 바른 말을 자꾸 하면서 중독자의 화를 돋우는 것은 현명한 행동이 될 수 없다. 자신의 잘못을 지적하는 바른 말을 들으면 그 말을 따르기보다는 화가 나는 경우가 있다. 특히, 충분히 자존감을 키워 내지 못한 중독자에게 이런 식의 바른 말은 자신을 비난하는 말로 들리기 쉽다. 말하는 사람 입장에서는 그 사람을 위한 말이고, 옳은 소리 하는 건데 왜 저러나 싶겠지만, 듣는 사람은 화가 난다.

중독자가 어른 역할을 제대로 해내기를 바란다면, 주변에서 먼저 어른 대접을 해 주어야 한다. 잔소리를 하기보다는 믿고 기다리며 그가 스스로 선택하고 책임지고, 그 과정에서 배우고 경험하도록 격려해야 한다. 잔소리는 중독자를 어린아이 취급하는 일이고, 한 사람의 어른으로 바로 서는 것을 방해하는 일이다. 물론 가족 입장에서는 자신이 중독자를 어린아이 취급한다고 생각하지 못할 수 있다. 그저 그 사람을 위해 희생하고 헌신하고 있다고 생각할 것이다. 자신이 돌봐 주지 않으면 제대로 하지 못할 것 같아 어쩔 수 없다고 말할지도 모른다. 하지만 이는 그 사람의 성장을 방해하면서 자신이 훌륭한 사람이라는 만족감을 얻는 자기중심적인 희생일 수 있다. 진정 그 사람을 위한 것인지 진지하게 생각해 봐야 한다.

술을 마시는 동안 중독자는 자신이 마땅히 져야 할 삶의 책임과 의무를 지기 싫어하며 가족의 자기중심적 희생을 오히려 이용해 왔다. 중독자를 돌봄이 필요한 어린아이로 머물게 해 스스로 순교자가 되었던 가족과, 어른으로 살기 싫어 헌신과 희생으로 자신을 돌봐 줄 사람이 필요한 중독자는 상호 파괴적인 천생연분이었다. 하지만 이제는 달라져야 한다. 회복은 이러한 건강하지 못한 관계에서 벗어나야 가능하다. 중독자에게 스스로 선택하고 책임지는 삶의 즐거움을 돌려주어야 한다. 중독자의 가족은 중독자에게만 집중하여 달가워하지도 않는 잔소리에 힘쓰기보다는 자기 자신의 행복에 집중하는 것이 필요하다.

그 사람이 회복 중인 중독자임을 잊지 말라

누군가를 존중한다는 것은 있는 그대로의 그 사람을 인정하고 받아들이는 일이다. 하지만 중독자나 가족은 상대가 자신이 원하는 모습으로 존재해야 한다고 생각하고, 그렇게 되기를 강요하는 경우가 있다. 이는 그 사람을 그 자체로 존중하여 인격적으로 대하는 것이 아니다.

가족은 중독자를 있는 그대로 인정하고 받아들이기 위해 노력해야 한다. 이는 그 사람이 '회복 중'인 중독자임을 인정하고 받아들이는 것을 포함한다. 그들은 현재 회복 중인 중독자이다. 이를 기억해야 한다. 그리고 그 모습 그대로 바라봐 주어야 한다. 하지만 회복 중인 중독자가 자신이 중독자임을 잊고 싶어 하는 것처럼, 가족 역시 이들이 회복 중인 중독자임을 자꾸 잊어버린다.

가족의 입장에서 중독자가 단주를 하면 처음 한동안은 그저 술을 마시지 않는다는 것만으로도 모든 것이 감사하고 만족스러울 수 있다. 하지만 어느 순간부터 가족은 중독자가 이제는 건강한 한 사람의 어른으로 제대로 살아내기를 기대하기 시작한다. 아니, 더 정확하게 표현한다면 술을 끊은 이제야말로 가족들이 그토록 원하고, 꿈꾸던 그 모습 그대로 살아 주기를 기대하고 요구한다. 이를 통해 그동안의 자신의 헌신과 희생이 보상받으리라는 기대를 갖는다. 하지만 이는 가족의 기대대로 금방 이루어지지 않는다.

중독자가 술을 끊어도 가족은 여전히 외롭고 힘들 수도 있다. 술을 끊기 위해서라는 핑계로 밖으로만 돌며 다른 이들에게는 친절하고 친근한 모습을 보이면서도 가족에 대해서는 여전히 어색해하고 낯설어 한다. 이전에는 술에 취하지 않은 이상 어떤 잔소리를 해도 별 대꾸 없이 넘어가던 중독자가 이제는 자신의 모든 말을 잔소리 취급하며 자신이 알아서 한다며 고집을 부린다. 심지어 술을 끊고 있는 자신의 모습에 한껏 의기양양해하며 은근히 가족을 무시하는 것 같기도 하다. 가족 입장에서는 그동안 고생한 것을 생각하면 자기를 평생 업고 다녀도 모자랄 것 같은데 오히려 술 먹던 시절 자신의 희생과 헌신은 안중에도 없어 맥이 풀린다. 오히려 자기가 얼마나 힘들게 단주하는지 아느냐는 듯한 태도를 보일 때면 배신감이 들 정도이다. 그럼에도 여전히 중독자가 다시 술을 마실까 봐 전전긍긍하며 힘들어하는 자신을 보며 왠지 억울하고 화가 난다. 그럴 때는 차라리 중독자가 술을 마시는 게 낫지 않을까 하는 마음이 들기도 한다.

회복 중인 중독자는 집행유예를 받은 수형자와 같다. 언제든 회복을 멈추고 예전의 중독 상태로 되돌아갈 수 있다. 그리고 그 과정에서 가족들은 그 방향을 되돌리는 데 결정적인 영향을 미칠 수 있다. 하지만 가족 역시 회복 중인 중독자가 다시 중독의 과정으로 되돌아가는 것을 원하지는 않을 것이다. 한순간 울컥한 마음에 차라리 술을 마시는 게 낫겠다는 생각이 들지라도 그 뒤에 펼쳐질 지옥을 생각한다면 회복의 과정에서 경험되는 어려움이 있을지언정 그 방향을 바꾸고 싶지는 않을 것이다.

중독자와 가족이 관계를 회복하는 일은 시간을 필요로 하는 과정이다. 중독자가 가족에 대한 고마움을 진정으로 느끼고 이를 적절하게 표현하는 일은 한순간에 이루어질 수가 없다. 게다가 중독자는 가족이 바라는 모습으로 변화되지 않을 가능성이 더 크다. 중독자가 가족의 기대대로 움직이기보다는 자신의 선택과 의지를 갖고 자신의 삶을 주체적으로 살아가는 것이 진정한 회복이다. 가족은 이러한 회복의 모습을 있는 그대로 지켜보고 존중해 주어야 한다. 그리고 기다려 주어야 한다. 그 사람은 지금 회복 '중'이다.

과거를 현재로 끌어오지 않아야 한다

중독자가 회복의 과정에서 점차 변화된 모습을 보이는 와중에
도 가족의 모습은 여전히 중독자가 술을 마시던 과거에 그대로
머물러 있는 경우를 보게 된다. 대개 이것은 과거에 바라보던 방
식으로 중독자를 계속 바라보거나, 과거의 묵은 감정을 지금 해
소하려 하거나, 현재의 문제를 과거의 문제와 연결시키려고 하
는 모습으로 나타난다.

중독자가 단주를 시작한다 해도 가족은 과거, 술 마시던 시절
의 중독자를 바라보던 방식에서 크게 변화되지 않은 시선으로
중독자를 바라보는 경우가 많다. 이들은 중독자가 단주를 하고
회복을 위해 노력하는 와중에도 언제 술을 다시 마실지 계속 의
심하는 눈초리를 보내면서 회복에 대한 그들의 결심과 노력을
믿어 주지 않는다. 또한 스스로 해 보려는 중독자를 불안하게 바
라보며 계속 잔소리하고 돌봐 주고자 하는 모습 역시 술 마시던
과거의 중독자를 대하던 방식 그대로이다. 하지만 과거의 방식
으로 바라보면, 그 사람은 과거의 모습으로 여전히 남아 있게 된
다. 가족이 중독자가 변화하고 성장해 가는 모습을 기대하고 그
러한 모습을 인정해 줄 때, 그는 변화하기 위해 더욱 노력하게
된다. 더 이상 술을 마시지 않고 회복을 위해 노력하고 있다면,
이를 인정하고 그를 대하는 가족 자신의 시선과 태도를 변화시
키려 노력해야 한다. 중독자의 조금이라도 달라진 모습에 시선

을 맞추고 이를 인정해 준다면 다음에는 더 달라진 모습을 보여 줄 것이다.

과거의 묵은 감정을 현재의 중독자에게 풀고자 하는 것도 마찬 가지이다. 중독자의 단주가 시작되고, 이전과는 다른 상황이 펼쳐지면, 그전과는 다른 감정이 생겨나는 것이 자연스럽다. 하지만 가족에게는 그동안 풀어 내지 못하고 오랜 시간 쌓여 왔던 감정들이 너무 많아 이러한 묵은 감정이 새로운 감정을 압도하고 만다. 그리고 오랜 숙제를 해 나가듯 그동안 풀어 볼 엄두도 내지 못하고 꽁꽁 싸매 놓았던 많은 감정의 보따리를 이제와 하나씩 풀어 놓는다. 그동안 자신이 얼마나 힘들었는지, 얼마나 외로웠는지 이제는 알아 달라고 중독자에게 요구한다.

그동안 가족들이 너무나 힘들었던 것은 사실이다. 미처 돌보지 못한 많은 감정이 있을 것이다. 또 회복 과정에서 가족 간의 대화를 통해 서로의 상처와 묵은 감정을 풀어 가는 시간을 갖는 것도 필수적이다. 다만 댐의 수문을 열 때에도 다양한 상황을 고려한, 수위 조절이 필요하다. 적절한 시기, 적절한 수준의 방류는 모두를 안전하고 풍요롭게 해 주는 물길이 될 것이다. 하지만 갑작스러운 댐의 방류로 물을 쏟아낸다면 범람으로 인한 피해는 아랫마을을 쓸어버릴 수도 있다. 과거의 묵은 감정을 한꺼번에, 모두 해소하기 위해 이제 막 단주를 해 나가는 중독자 앞에 풀어 놓는다면, 이는 중독자가 감당할 수 없는 수준이 될 수 있다. 때문에 전문가의 도움을 받아 이와 관련된 상담을 받거나 알아넌(Al-Anon)

등의 자조모임을 통해 이를 적절히 풀어 나가는 시간을 병행하는 것이 필요하다. 조금 더 시간이 걸리더라도 진정 서로를 이해해 갈 수 있는 좋은 방법을 찾는 것이 도움될 수 있다.

현재의 문제를 과거와 연결시키지 않는 것도 중요하다. 가족들은 중독자가 회복을 해 나가면서 이전과는 다른 모습을 보일 때 그 모습이 낯설고 어색할 것이다. 그리고 낯선 지금의 모습에 계속해서 과거의 모습이 겹쳐 보일 수 있다. 때문에 지금과 상관없는 과거의 잘못을 소환하여 현재의 중독자를 공격하기도 한다. 예를 들어, 술 마시던 시절에는 아무 말 없던 중독자가 단주 후 집 안의 청소 상태에 대해 한마디 하면, 대뜸 예전 술 마실 때 잘 씻지도 않던 과거 모습을 들먹이며 지금 와서 깨끗한 척하느냐고 면박을 줄 수도 있다. 뭔가 불리한 상황에 처할 때 과거 중독자의 잘못을 끌어오는 것은 상황을 모면하는 데 최선의 무기가 될 수 있기 때문이다. 하지만 과거의 모습은 과거 술 마시던 시절의 모습이었다. 지금은 다른 모습으로 살고자 노력하고 있는 중이다. 지금 현실에서 열심히 살아가고 있는 사람에게 과거에 대한 비난을 쏟아낸다면 이는 가족이 지금 여기에 살지 않고 과거에 매여 사는 것이다.

과거를 현재로 끌어오려 하지 않아야 한다. 이는 다시 과거의 모습으로 되돌아가게 하는 악수(惡手)가 될 수 있다.

나는······ 남편 **때문에** 힘들고······

○○ 때문에 화가 나고······

○○ 때문에 우울하고······

애들 때문에 지치고······

○○때문에 억울 하고······

······ 때문에 ······ 때문에 ······

내가 이렇게
힘들게 사는 건······

너 때문이야!

출처: 문경회복센터 홈페이지.

잔소리도 하지 말라. 기대도 하지 말라. 과거 얘기도 하지 말라. 아무것도 하지 말라는 얘기처럼 들려 억울하게 느껴질 수 있을 것이다. 하지만 그렇다. 가족은 예전에 해 왔던 것들을 모두 그만해야 한다. 중독자가 술을 더 이상 먹어서는 안 되는 것처럼 가족은 그동안 자신이 해 왔던 것들을 그만해야 한다. 그리고 지금까지와는 다르게 살아야 한다.

중독이 진행되어 가면, 어느 순간 중독자의 삶에 술만 남는 것처럼, 중독자와 함께 살아가는 동안 중독의 문제는 블랙홀처럼 가족의 삶을 송두리째 빨아들였다. 이렇게 사라진 자신의 삶을 다시 찾아가는 것은 가족 각자의 몫이다. 가족은 중독자와 정서적으로 분리·독립하면서 스스로가 행복한 삶을 살 수 있어야 한다. 이를 위해 가족 역시 중독자와 마찬가지로 자기 문제를 정직하게 살펴보고 이를 인정하고 받아들일 수 있어야 한다. 그리고 중독자가 회복의 과정에서 그러하듯 가족 역시 이전과는 다르게 살아가는 방법을 새롭게 배우고 노력해야 한다.

회복 중인 중독자가 술 먹던 시절과는 다른 삶을 살아야 하듯, 가족 전체의 회복을 위해 가족 역시 이전과는 다르게 살아야 한다. 그리고 다르게 살기 위해서는 다르게 살아가는 방법을 다시 배워야 한다.

중독자만 미숙하고 서투른 것이 아니라, 가족 역시 모르는 것이 많다. 술에 취하지 않은 사람과 어떻게 대화해야 할지, 어떻게 관계를 맺어야 할지 잘 알지 못한다. 중독자의 요동치는 감정에 함께 휘둘리며 살아오다 보니 가족 역시 자신의 감정을 제대로 느끼고 표현하는 방법을 배우지 못했거나 잊어버렸다. 무엇보다 중독자를 돌보는 것이 아닌, 자기 자신을 돌보는 방법을 알지 못한다. 다른 이의 필요를 생각하고, 이를 채워 주는 데는 능숙하면서 정작 자신에게 무엇이 필요하고, 무엇을 원하는지는 잘 모른다. 건강하게 사랑하고 사랑받는 방법도 알지 못한다. 중독자가 회복하는 과정에서 필요로 했던 자기 몸을 챙기고 자신을 성찰하며, 감정을 표현하고 스트레스를 관리하는 모든 방법에 대한 학습이 가족에게도 역시 필요한 것이다. 알아야 할 것도, 배워야 할 것도 많다.

중독자의 회복은 중독자에게 맡겨 놓고, 가족은 자기 자신을 위해 다르게 사는 법을 배워야 한다. 중독자를 생각하고 중독자를 돌보던 시간만 투자해도, 스스로를 위한 많은 것을 배울 수 있다. 그리고 이를 바탕으로 이전과는 다른 새로운 삶을 살아갈 수 있다. 중독자의 회복이 자동으로 가족에게 새로운 삶을 가져다주지 않는다. 가족의 성장은 가족 스스로 도전하고 이루어 가야 하는 또 다른 회복의 과정이다.

9. 돕고자 하는 마음을 가진 회복 동료가 기억할 것

🍃 다른 이의 경험을 인정하라

회복은 자기중심성을 벗어나 이타심을 발휘하는 것이다. 특히, 자신과 같이 중독으로 인해 고통 받는 사람을 돕고자 하는 마음을 갖는 것은 회복의 과정에서 어찌 보면 당연한 마음일 것이다. 하지만 중독으로부터 벗어나고자 하는 누군가를 돕는 것은 의욕만으로 되는 단순한 일이 아니다.

중독자의 자기중심성은 단주를 시작한다고 해서 한순간에 사라지지 않는다. 그러기에 회복의 과정에서도 여전히 남아 있는 자기중심성을 성찰하고 여기에서 벗어나기 위해 노력해야 한다. 다른 누군가를 돕고자 하는 과정에서도 이러한 자기중심성이 드러날 수 있다. 돕고자 하는 마음이 크고 절박할수록 이러한 성향이 두드러질 수 있다. 그러므로 누군가를 돕는 과정이 자신의 일방적인 자기중심성에 의해 왜곡되지 않도록 경계해야 한다. 자신이 비록 도움을 주는 입장이라 해도 상대방의 의사를 존중하지 않고 자신의 방법만이 옳다고 고집하는 것은 위험하다.

누군가를 돕고 싶은 의욕이 과도할 때, 자신의 회복이 너무나 축복 같고, 중독으로 고통 받는 이들의 상황에 안타까운 마음이 앞설 때, 누구도 도움을 요청하지 않았음에도 자신의 판단에 따라 억지로 도와주기도 한다. 그러고는 그런 자신의 행위가 선의라고 생각하며 자신이 훌륭하다고 생각한다. 가끔은 이런 방법으로 긍정적인 결과가 나오기도 한다. 하지만 계속 이러한 방법이 통한다고 생각하여 반복하다 보면 결국 자신이 망가진다. 상대가 자신의 통제 안으로 들어오기를 바라고, 자신의 말을 듣지 않으면 비난한다. 이는 그 사람의 회복에 도움이 되지 않는 것은 물론 더 나아가 자신의 회복에 해롭다.

때로는 다른 이를 돕고자 하는 과정에서의 자기중심성이 집단을 통해 나타나기도 한다. 이들은 자신들의 회복 방법만이 옳고, 자신들의 방식을 따를 때 회복할 수 있다고 굳게 믿는다. 자신들의 방식을 따르지 않는 사람은 회복하지 못할 것이기에 우격다짐으로라도 자신들의 방식을 따르게 하는 것이 그들을 위하는 것이라 굳게 믿는다. 이러한 믿음을 바탕으로 자신들과는 다른 길을 가고 있는 사람들을 배격하고 자신들만의 패거리를 만든다. 그리고 그 패거리 안에 들어온 사람들을 집단의 힘으로 통제한다. 이렇게 그들은 자신들만의 우물을 만들어 그 안에서 머무르는 개구리가 된다.

회복의 과정은 다양한 모습일 수 있음을 기억해야 한다. 이를 기억한다면 자신과는 다른 타인의 경험을 인정할 수 있고 또한 자신의 경험만 강조하는 우를 범하지 않을 수 있다. 회복의 길은 하나의 길만 존재하는 외길이 아니다. 각자 나름대로의 회복 과정이 있다. 자신의 길만이 옳다고 우기는 것은 자기중심성의 발현이다. 또한 나와 다르다고 해서 그것이 틀렸다고 지적하고, 고쳐 줘야 한다는 생각은 통제의 또 다른 모습이다. 자신만이 옳다는 생각을 버리고, 타인의 회복과 회복 과정, 회복 방법을 인정하고 존중해야 한다.

다른 이를 돕는 일은
자신의 회복을 위한 것임을 잊지 말라

　회복의 과정은 이타심을 키워 가는 것이고, 타인을 위한 봉사는 자신의 회복에 도움이 되는 하나의 노력이다. 특히, 중독으로부터 회복하는 과정에서 다른 이의 회복을 돕는 일은 자신의 회복을 촉진하는 훌륭한 촉매제가 된다. 타인을 도움으로써 자신이 도움을 받으며, 자신을 돕는 과정이 타인을 돕게 되는 멋진 선순환을 이룬다.

　이러한 멋진 선순환의 하나의 예가 AA 멤버들이 메시지를 전하는 것이다. 회복 중인 중독자들은 자신의 회복을 위해 12단계를 실천하는 과정에서 메시지[1]를 전한다. 12단계 중 마지막 열두 번째인 12단계는 1단계에서 11단계까지를 실천하면서 경험한 변화와 성장을 나누는 방법을 안내하고 있다. 이는 자신과 같은 아픔을 겪고 있거나 도움이 필요한 곳을 찾아 자신이 받은 도움과 감사함을 나누는 것이 자신의 영적인 회복을 위한 양식이 됨을 의미한다. 이들이 전하는 메시지는 듣는 이에게 도움을 주고자 하는 행위이지만, 동시에 자신의 회복을 위한 실천이다. 때문에 이때의 마음은 '내가 당신을 위해 메시지를 전한다'라는 마

---

1) 12단계 중 12단계 "이런 단계들의 결과로 우리는 영적으로 각성되었고, 알코올 중독자들에게 이 메시지를 전하려고 노력했으며 우리 일상의 모든 면에서 이러한 원칙을 실천하려고 했다." 출처: 한국 A.A. G.S.O., 『12단계와 12전통(Twelve Steps and Twelve Traditions)』, 한국 A.A. G.S.O., 2017.

음보다는 '나의 메시지를 들어 주어 감사하다'라는 마음이어야 한다. 결코 자신의 단주를 자랑하기 위해 거들먹거리는 마음이 아니다. 자신의 회복을 위해 실천하는 지극히 자신을 위한 행동이, 타인의 눈에 봉사로 보일 때 이는 성장으로 이어지게 된다.

자신이 회복하는 만큼
다른 이의 회복을 도울 수 있음을 기억하라

회복 중인 중독자가 다른 이의 회복을 돕고자 할 때 이들의 도구는 자신의 중독과 회복 경험이다. 그리고 자신의 회복이 얼마나 단단하고 성숙한가에 따라 회복을 도울 수 있는 그릇의 크기가 달라진다. 그릇의 크기가 회복의 정도라면, 그릇에 담기는 내용물만큼 다른 누군가를 도울 수 있을 것이다. 그릇보다 더 많은 내용물을 담고자 무리한다면, 그릇이 깨어지거나 내용물이 넘쳐버리게 된다. 즉, 자신이 회복하는 만큼 다른 이의 회복을 도울 수 있다. 그 이상의 도움을 주고자 한다면 이는 욕심일 뿐이다.

다른 이에게 더 많은 도움을 주고 싶다면, 그 방법은 간단하다. 자신이 더 성장하면 된다. 더 많은 이들에게 그늘을 내어 주는 방법은 더 크고 무성한 나무가 되는 것이다. 그러므로 타인의 회복을 돕고자 하는 마음을 가진 사람은 자신의 회복을 위해 노력해야 한다. 사실 다른 누군가를 돕겠다는 특별한 무언가를 하지 않아도, 그렇게 회복을 위해 노력하고 성숙되어 가는 모습을 보여 주는 것 자체가 다른 이의 회복을 돕는다. 결국 다른 이를 돕는 일과 자신을 돕는 일은 별개의 것이 아니다.

회복을 하면서 다른 이의 회복을 돕다 보면, 이러한 역할을 전문적으로 하고 싶은 마음이 생길 수 있다. 먼저 회복한 중독자로서만이 아니라, 자신이 도움 받았던 전문가처럼, 전문가의 자리에서 도움을 주고 싶은 마음이 생길 수 있다. 충분히 의미 있고 응원 받을 일이다.

하지만 기억할 것이 있다. 전문가로서 일하고자 한다면 단순히 자신의 회복 경험에 기대지 말고 전문가의 기준에 맞는 진짜 전문가가 되어야 한다. 전문가가 되기 위한 정해진 과정을 다른 사람들처럼 똑같이 거쳐야 한다. 그리고 전문가로서의 역량을 갖추어야 한다. 너무나 당연한 말을 한다고 여겨질 것이다. 그렇다. 너무나 당연한 말이다.

중독 관련 전문가로서 일하고자 할 때, 자신이 중독과 회복의 경험을 한 것이 도움이 될 수 있다. 하지만 회복자가 되는 것과 전문가가 되는 것은 별개의 일이다.

어린 시절 소아암을 이겨 내고 의사가 되고자 하는 사람이 있다고 해서 의대에 그냥 입학할 수 있거나 의사고시를 면제해 주지 않는다. 병원에서 오래 생활한 경험이 있다고 해서 인턴 과정을 건너뛰고 바로 전공의 과정으로 보내주지도 않는다. 이들의 소아암 투병 경험이 의사로서의 역할을 하는 데 도움이 될 수는 있겠지만, 그렇다고 남들과는 다른 과정을 밟거나 특별한 대우를 받을 이유가 되지는 않는다.

회복의 경험 역시 마찬가지이다. 중독과 회복의 경험이 있다고 해서 전문가가 되는 과정이나 전문가로서 일을 하는 과정에서 특혜나 특별대우를 요구할 수 없다. 회복을 잘 하고 있다고 해서 전문가로서의 역할도 잘 해낼 수 있는 것은 아니다. 전문가는 전문가로서의 역량을 갖추고 전문가로서의 역할을 잘 해낼 때 전문가가 되는 것이다. 전문가는 분명하게 제시된 전문가의 기준에 준해 전문가가 되고 전문가로서 활동하면 된다. 이는 앞서 말한 것처럼, 회복과는 별개의 문제이다.

전문가로서의 자격을 부여했다는 것은 전문가로서 가져야 할 최소한의 역량을 갖추었음을 인정하는 것이고, 또한 그 역할을 해내기를 요구하는 것이다. 누군가가 자신의 회복 경험을 이유 삼아 특정한 어떤 일만을 하고자 하거나, 반대로 어떤 일들을 피하려고 한다면 이는 전문가로서 필요한 역량을 갖추었거나 요구되는 역할을 해내고 있다고 말할수 없다. 자신은 내담자를 만나고 집단 프로그램 진행과 같은 중요한 역할을 하고 있으니 자신이 잘하지 못하는 행정 업무는 제외해 달라고 요구하는 경우를 예로 들 수 있다. 이는 전문가로서의 역할에 중요하고 중요하지 않은 일이 있다는 자기만의 주관적인 기준에 의한 주장일 뿐이다. 전문가로서의 해야 하는 일들 중 중요하지 않은 일은 없다. 그리고 전문가로서 잘하지 못해도 괜찮은 일도 없다.

전문가로서 일하고자 한다면 회복자임을 내세우기 전에 제대로 된 전문가가 되어야 한다. 전문가로서 바로 설 때 중독과 회복의 경험은 전문가로서의 역량에 플러스알파가 되겠지만, 전문가로서의 역할을 제대로 수행해 내지 못한다면, 그 사람은 그저 전문가가 되고 싶은 회복자일 뿐이다.

10. 전문가가 기억할 것

단주는 칭찬의 대상도, 비난의 대상도 아니다

전문가는 회복의 과정에서 함께 가야 하는 중요한 동행이다. 때문에 중독자에 대한 전문가의 시선은 중요하다. 전문가는 중독자를 한 사람의 통합적 인격체로 바라볼 수 있어야 한다. 이는 중독자라 해서 그저 술을 먹고 안 먹고의 문제로만 바라보지 않아야 함을 의미한다. 술을 마신다고 해서 나쁜 사람이거나 실패한 사람이 아니다. 술을 끊었다고 해서 훌륭하거나 성공한 사람도 아니다. 그저 중독이라는 관점에만 얽매여 술을 마셨는지 안마셨는지만을 본다면 한 사람의 독특하고 귀한 존재를 놓치게된다. 전문가는 중독자이든 아니든 개인이 가진 귀중한 영성을볼 수 있는 눈을 가져야 한다.

회복의 과정에서 회복을 위해 열심히 노력하는 것에 대해서는 지지하고 응원할 가치가 있다. 하지만 술을 마시지 않았다는 그 자체를 칭찬할 이유는 없다. 술 마신 것을 비난할 이유가 없듯,

술을 마시지 않는 것을 칭찬할 이유도 없다. 중독자가 단주를 하는 것은 그저 살기 위해, 자기 자신을 위해 선택해야 하는 것이다. 숨을 쉬고 밥을 먹는 일처럼 당연한 것이다. 술을 끊고 있는 그 자체에 대해 '훌륭하다'거나 '대단하다'는 등의 칭찬을 하는 것은 자신을 위해 당연히 해야 할 단주를 칭찬받기 위한 행위로 만들어 버린다. 또한 회복 중인 중독자로 하여금 그저 술을 끊고 있는 것만으로 자신이 뭔가 대단히 훌륭한 일을 하는 것처럼 착각하게 만들 수 있다. 이러한 적절하지 않은 칭찬은 회복자의 마음에 교만이 자라게 하는 밑거름이 된다.

단순히 술을 마시느냐, 마시지 않느냐에 초점을 맞출 것이 아니라 그 사람이 어떻게 살아가고 있고, 어떤 사람인가를 좀 더 폭넓게 바라보며 응원하고 격려해야 한다. 그것이 보다 멋진 동행으로 함께 걸어가는 방법이다.

회복의 단계를 이해하고 회복 단계에 맞는 전문가의 태도를 보이라

회복의 과정에서 전문가의 역할은 중요하다. 하지만 전문가라 할지라도 일방적인 역할을 할 수 있는 것은 아니다. 분명한 것은 회복 과정은 회복 중인 중독자와 가족, 그리고 전문가 등 모두가 함께 하는 협력적 활동이라는 점이다.

회복 과정에서 전문가의 역할은 회복 중인 중독자의 회복 단계에 따라 달라져야 한다. 회복 초기에는 전문가의 개입이 보다 포괄적이고 긴밀하게 이루어진다면, 회복이 진행되어 갈수록 전문가의 개입은 점차 느슨해질 필요가 있다. 또한 회복이 되어 가면서 전문가가 알아서 해 줄 것과 회복 중인 중독자의 요청에 의해서 해 줄 것을 구분할 필요가 있다.

중독으로부터의 회복은 회복 이전과 회복 이후의 흑백으로 구분되는 범주적 과정이라기보다는 연속적으로 이어지는 과정이다. 그리고 단주를 기반으로 시작되는 지속적인 성장의 과정인 회복은 인간의 성장 발달 과정과 비슷하다. 자녀가 영아기, 유아기, 학령기, 사춘기를 거치며 성인이 되어 가는 과정마다 부모는 그 역할과 태도를 달리한다. 회복의 과정을 돕는 전문가 역시 회복의 단계에 따라 변화·성장해 가는 중독자에 맞추어 그 역할과 태도를 달리해야 한다. 좀 더 집중적인 관심과 케어를 필요로 하는 단주 초기와 달리, 어느 정도 회복이 안정되며 삶의 다양한 방면으로의 관심을 넓히면서 자신의 회복을 심화하고 있는 중독자에게는 보다 확대된 자율권을 제공하고 존중해야 한다. 그리고 성인이 된 자녀를 독립시키고, 어른 대 어른으로 동등한 관계를 맺어 가는 부모처럼, 전문가 역시 그러해야 할 것이다. 이러한 태도의 변화는 회복의 단계를 이해하고 각각의 단계에서 무엇이 필요하고 요구되는지를 고민할 때 가능해진다.

부모가 사춘기 자녀를 어린아이처럼 대하며 과도한 간섭과 보호를 하고자 할 때 자녀와의 갈등이 예상되듯, 회복 중인 중독자의 변화와 성장을 따라가지 못하는 전문가 역시 이들과의 관계에서의 어려움을 경험할 수 있다. 자신을 여전히 불안한 존재로 바라보는 전문가 앞에서 회복 중인 중독자는 답답함과 무력감을 느낄 수 있다.

이보다 더 불행한 것은 전문가의 태도가 회복 중인 중독자의 성장을 오히려 가로막을 수도 있다는 점이다. 전문가가 회복 중인 중독자의 성장을 기대하고 격려하지 못할 때, 그 전문가에게 기대고 싶은 중독자는 힘겨운 성장의 노력을 멈추고 의존적인 상태로 남아 있게 될 수 있다. 이는 자녀가 영원히 귀여운 인형으로 남아 있기 원하는 부모 밑에서, 성인임에도 어른이 되지 못하는 미성숙한 자녀가 발견되는 것과 같다. 이는 회복 중인 중독자의 성장을 신뢰하지 못하는 전문가의 불안이거나, 끝까지 없어서는 안 되는 유능하고 필요한 존재로서 자신을 남겨 놓고 싶은 전문가의 욕심일지도 모른다.

전문가는 자신이 회복 중인 중독자를 대하는 태도를 계속 점검해야 한다. 이 점검은 중독자의 회복 과정이 진행되는 내내 지속되어야 한다. 변화하는 중독자의 모습만큼이나 전문가의 태도 역시 변화될 때 이들은 진정한 회복의 동행으로 함께 걸어갈 수 있다.

전문가로서 그리고 한 인간으로서 계속 성장하라

중독으로부터의 회복은 진정한 어른이 되는 것이고, 이는 죽는 날까지 이어지는 지속적인 성장의 과정이다. 그리고 이러한 성장은 중독을 경험했는가의 여부와 관계없이 모든 인간의 숙명이다. 중독을 경험하지 않았다고 해서 아무런 문제가 없다고는 할 수 없다. 완벽하지 않은 자신의 모습을 돌아보고 어제보다 더 나은 오늘, 그리고 오늘보다 더 나은 내일을 위해 노력하는 것이 인간의 삶의 과정이다. 이는 회복의 과정에 동행하는 전문가 역시 마찬가지이다.

하지만 중독으로 인해 황폐해진 삶을 옆에서 지켜보는 전문가는 자신은 마치 아무런 문제가 없는 사람이고, 잘 살고 있다고만 생각될 수 있다. 수많은 문제가 동시에 터져 나오는 중독자와 가족들을 만나며 자기 자신을 돌아보기보다는 눈앞의 중독자와 가족들에게 시선이 온통 빼앗기기도 한다. 회복과 성장에 대해, 행복하고 건강한 삶에 대해 이야기하고 알려 주는 과정이 반복되며, 자신이 입으로만 말하고 있는 것을 삶에서 실천하고 있는 것처럼 착각하기도 한다. 자신은 성장하지 못하면서 회복 중인 중독자에게 성장을 강조하기도 한다. 하지만 이는 공허한 소음일 뿐이다.

전문가는 도움을 필요로 하는 누군가를 돕는 상담자의 역전이에 대해 잘 알고 있어야 한다. 특히, 자신을 중독의 영역으로 불러들일 만큼 강력하게 작동하는 마음속 깊은 곳의 욕구는 중독자에 대한 투사나 통제, 또는 과도한 몰입을 통해 가족을 대신하는 또 다른 조정자로서의 역할에 빠지게 할 수 있다. 이뿐만이 아니라 내면의 혼돈과 삶에서의 혼란을 경험하는 중독자, 그리고 이들의 가족과 함께 하는 시간이 지속되면서 자신도 모르게 받게 되는 영향은 전문가의 내면이나 삶에도 생채기를 남길 수 있다.

이러한 이유로 중독 현장에서 일하는 전문가들에게 자기를 성찰하고 자기치유를 해 나가는 시간은 필수적이다. 불과 싸우는 소방관이 평상시 체력훈련을 열심히 하듯, 나라를 지켜야 하는 군인들이 평소에 무기를 점검하고 훈련을 게을리하지 않듯, 중독의 현장에서 중독과 싸워야 하는 전문가들은 이러한 자기성찰과 자기치유를 생활화해야 한다. 중독자의 회복이 술을 끊는 일회성의 에피소드로 끝나지 않고 평생 꾸준히 노력해야 하는 과정이듯, 전문가 역시 교육이나 훈련 과정에서의 일회적 경험 외에 지속적인 자기성찰과 자기치유의 노력이 이어져야 한다. 특히, 마음챙김을 비롯한 영성 살이가 중요하다. 때문에 전문가는 중독자와 상담할 때만이 아니라 일상에서도 자신을 위한 마음챙김을 할 수 있어야 한다. 중독자와 건강한 치료적 거리를 유지하면서 상황에 맞는 무위의 태도로 중독자를 대할 수 있어야 한다.

이러한 과정을 통해 전문가로서의 발전뿐만이 아니라 한 인간으로서 더 성숙한 삶을 살아갈 수 있는 멋진 경험을 할 수 있다. 그리고 이는 회복의 과정에 동행하는 이들에게 주어지는 최고의 보상이 될 것이다.

한국 A.A. G.S.O. 역(2015). 익명의 알코올중독자들(*Alcoholics Anonymous*). 한국 A.A. G.S.O.

한국 A.A. G.S.O. 역(2017). 12단계와 12전통(*Twelve Steps and Twelve Traditions*). 한국 A.A. G.S.O.

저자 소개

문봉규(Moon, Bongkyu)

현재 문경, 회복아카데미의 대표이며, 중독전문가 1급, 중독심리전문가, 중독수련감독급 전문상담사로 중독자와 가족에 대한 임상실천과 함께 중독전문가 양성을 위한 다양한 교육훈련을 수행하고 있다. 『알코올 중독자, 내 안의 또 다른 나』(공저, 학지사, 2019), 『마약류 중독의 이해와 치료』(공저, 학지사, 2021) 등을 저술하였다. 회정알코올클리닉 상담실장과 회정치료공동체 대표, 평택대학교 상담대학원 대우교수, 한국중독심리학회 이사, 한국중독전문가협회 부회장 등을 역임하였다.

강향숙(Kang, Hyangsook)

남서울대학교 아동복지학과, 남서울대학교 국제대학원 글로벌중독재활상담학과 교수로 재직 중이며, 현재 정신재활시설 비타민 운영위원장, 한국정신건강사회복지학회 중독분과학회장이다. 정신건강사회복지사, 청소년상담사, 중독심리전문가, 중독전문가로 회정치료공동체와 서울까리따스알코올상담센터 등에서 중독자와 가족들을 만나 왔다. 『중독영역에서의 슈퍼비전』(공역, 학지사, 2009), 『가족복지론』(공저, 학지사, 2015), 『아동상담』(공저, 파워북, 2017), 『중독가정을 위한 긍정훈육』(공역, 학지사, 2018), 『알코올 중독자, 내 안의 또 나른 나』(공저, 학지사, 2019), 『마약류 중독의 이해와 치료』(공저, 학지사, 2021), 『아들러 정신병리와 심리치료』(공역, 학지사, 2021) 등을 저술하였다.

박상규(Park, Sanggyu)

현재 가톨릭꽃동네대학교 상담심리학과 명예교수이며, 박상규심리상담연구소 소장으로 재직 중이다. 한국임상심리학회 종신회원으로, 임상심리전문가, 정신건강임상심리사 1급, 전문상담사 1급, 중독심리전문가로 활동하고 있다. 2005년부터 지금까지 꽃동네치료공동체에서 회복 중인 알코올 중독자와 동반하고 있다. 『마음챙김과 행복』(학지사, 2022), 『임상심리학』(공저, 학지사, 2022), 『행복수업』(학지사, 2020), 『숲치료 이야기』(공저, 학지사, 2020), 『알코올 중독자, 내 안의 또 나른 나』(공저, 학지사, 2019), 『스마트폰에 빠진 우리 아이 구출하기』(학지사, 2019), 『중독상담학 개론』(공저, 학지사, 2018), 『중독의 이해와 실제』(2판, 공저, 학지사, 2017), 『중독과 마음챙김』(학지사, 2016) 등을 저술하였다. 한국중독상담학회 회장, 한국중독심리학회 회장, 경찰청 마약류범죄수사 자문위원, 한국도박문제예방치유원 이사장, 세종충북도박문제예방치유센터 운영위원장 등을 역임하였다.

알코올 중독자의 회복과 성장

A Recovery and Growth for Alcoholics

2023년 1월 10일 1판 1쇄 인쇄
2023년 1월 20일 1판 1쇄 발행

지은이 • 문봉규 · 강향숙 · 박상규
펴낸이 • 김진환
펴낸곳 • (주) **학지사**

        04031 서울특별시 마포구 양화로 15길 20 마인드월드빌딩
대표전화 • 02)330-5114   팩스 • 02)324-2345
등록번호 • 제313-2006-000265호

홈페이지 • http://www.hakjisa.co.kr
페이스북 • https://www.facebook.com/hakjisabook

ISBN 978-89-997-2817-4 93180

정가 15,000원

출판 · 교육 · 미디어기업 **학지사**

간호보건의학출판 **학지사메디컬** www.hakjisamd.co.kr
심리검사연구소 **인싸이트** www.inpsyt.co.kr
학술논문서비스 **뉴논문** www.newnonmun.com
교육연수원 **카운피아** www.counpia.com